YOD Magazine è una iniziativa editoriale, diretta da Giovanni Scarafile, dedicata ai temi della comunicazione in una prospettiva interdisciplinare.

Il sito di YOD Magazine è: www.yodmagazine.it

Per citare gli articoli di questo numero: Nome e Cognome dell'Autore, Titolo dell'articolo in G. Scarafile (a cura), YOD Magazine. Dell'Ascolto, Lulu Enterprises Inc, Raleigh N.C. 2012, pp.

Progetto grafico e impaginazione
Roberta Pizzi | www.robertapizzi.com

Contatti:
Direzione Scientifica YOD Magazine
Via De Virgilis, 56
72022 Latiano (BR)

Giovanni Scarafile
direttore@yodmagazine.it

YOD Magazine n. 2, Anno 2012
ISBN della versione in bianco e nero
978-1-291-25351-1

prezzo della versione in bianco e nero: € 12,00
prezzo della versione a colori: € 18,00

L'immagine di copertina è:
Rain (2012) | Federica Ambrosini

Giovanni Scarafile

editoriale

Nel corso degli anni, ogni scelta del tema di YM (dalle forme di espressione ibride alla bellezza, dal tema del confine alla festa) ha dato luogo ad approfondimenti per molti versi inediti. È un risultato non scontato, del quale sono particolarmente orgoglioso. Di esso va dato atto ai numerosi Autori che ci hanno accompagnato in questa esperienza di ricerca, difficile, ma anche esaltante. Effettivamente, YM è un'esperienza del pensare, nata da un desiderio incontenibile.

Pensiamo incontenibilmente che non si possa rassegnarsi all'indifferenza o allo scetticismo, che pure vediamo diffondersi; crediamo incontenibilmente sia nostro dovere, di cittadini, di studiosi, di sollecitare un confronto pacato su temi che il senso comune considera poco consueti; speriamo incontenibilmente che altri possano essere toccati da sentimenti simili per dare luogo, sempre più, ad occasioni per pensare.

Oggi questo percorso di ricerca registra una nuova tappa, il numero dedicato al tema dell'ascolto che avete fra le mani.

Perché dedicare un numero di YM al tema dell'ascolto? Che cosa ha da dirci un tema del genere? Quando lessi la frase di Gadamer posta al centro delle riflessioni di questo numero, rimasi ammirato dalle possibilità di studio che si intravvedevano. Sembravano sconfinate. Di questo ebbi conferma in una fredda giornata di maggio, mentre in compagnia di Marcelo Dascal, camminavo lungo la riva del lago di Costanza, in Germania.

Le parole di Dascal, il più grande pensatore che io abbia mai conosciuto, noto ai nostri lettori per essere stato ospitato proprio sulle pagine di questa rivista, mi confermarono in quella mia iniziale sensazione, aggiungendo ulteriori motivi di interesse.

Prima di ogni cosa, va detto che ci sono diversi tipi di ascolto. Si tratta di una polivalenza che nelle principali lingue europee è resa infatti con termini doppi. Anche in italiano, in fondo, noi parliamo di "sentire" e di "ascoltare" (un po' come distinguiamo "guardare" e "vedere").

Sentire ed ascoltare sono tra loro collegati, ma non sono – ovviamente – la stessa cosa.

Con il primo termine, sentire, ci riferiamo agli stimoli sensoriali che riusciamo a captare in modo del tutto involontario. Essi si traducono in un flusso di informazioni, dentro il quale noi costantemente siamo installati. Non uso a caso l'espressione "essere installati", dato che non si tratta soltanto di isolare il livello dei diversi possibili tipi dei canali sensoriali, ma anche di rendersi conto che inestricabilmente connessi ad essi c'è una parte di noi. Proprio per questo motivo, nelle pagine di *Verità e Metodo* Gadamer ci dice che l'«hearing (il sentire) è la via che conduce al tutto».

Se, allora, già il sentire ha una sua importanza perché mostra la relazione tra me stesso e le informazioni che mi giungono dal mondo in cui sono inserito, quale ulteriore significato potrà avere l'ascolto di secondo livello, il listening?

Il listening indica la disposizione a prestare attenzione ad un elemento in particolare, presente nel flusso di stimoli fornitoci dall'hearing. Un elemento particolare, tuttavia, ma misterioso che non si lascia trovare facilmente. Che natura ha un tale elemento? Come fa a richiamare la nostra attenzione se non è stato ancora identificato? In che modo esso agisce su di noi? Le domande, a questo livello, sono numerose.

Tuttavia, ciò che emerge, già a questo basilare livello di indagine, è una semplice constatazione. La nostra attenzione si attiva non malgrado l'inconoscibilità dell'elemento che si presenta di fronte a noi, ma proprio in ragione di essa. L'inconoscibilità dell'elemento misterioso rappresenta, dunque, una qualificazione essenziale ed essa va preservata se si vuole indagare compiutamente il fenomeno dell'ascolto.

Parlare di ascolto significa allora verificare le condizioni mediante cui questo elemento enigmatico viene ad abitare dentro di noi. Noi siamo colpiti da questo elemento misterioso, da questo enigma, come lo definisce Lévinas, e ci accorgiamo che esso esercita una resistenza nei confronti di ogni nostro tentativo di portarlo completamente alla luce del sole. Il nostro io trova così di fronte a sé una densità non solubile. Se, per ipotesi, si riuscisse a svelare l'enigma, allora esso perderebbe la sua capacità di esercitare una qualche influenza sul soggetto. La vittoria della conoscenza, in questo caso, equivarrebbe alla sconfitta del pensare. Sembra strano o paradossale, ma l'enigma svelato non desterebbe più attenzione.

L'ascolto ha a che vedere con questa dinamica in cui la nostra coscienza si trova coinvolta. Esso indica la disposizione, quella specifica virtù costante e non episodica, mediante cui mi prendo cura della permanenza dell'enigma. Detto in altri termini, l'ascolto è la cura di quella alterità che mi si presenta, come altro da me, all'interno del flusso dei vissuti, non lasciandosi afferrare da alcun tentativo di prensione da parte mia.

La foto di Federica Ambrosini, scelta come copertina di questo numero di YM, riesce molto bene ad alludere alla dinamica cui ho fatto cenno. In un riflesso, noi scorgiamo un essere che, a tutta prima, sembrerebbe facile identificare. E, tuttavia, una tale opera di identificazione, proprio nel momento di concludersi e di consegnarci così la certezza di ciò che è visto, si rivela non del tutto efficace. L'identificazione non identifica sufficientemente, rinvia a ciò che vediamo, esigendo nuove visioni. L'immagine esercita su di noi un'influenza inaspettata, ed anche un po' indisponente, perché pone in discussione la pacifica certezza di saperci orientare in tutte le cose.

Vedo, vedo ciò che vedo, ma questo stranamente non basta. Inavvertitamente attivo dentro di me un potenziamento dell'attenzione per vedere di più e meglio, ma ogni tentativo in questo senso non riesce a far diminuire l'incisività del dubbio che ogni volta scaturisce, inevitabile. Il mistero di questo altro rappresentato permane, sorgono sempre nuove possibili interpretazioni. Con le spalle al muro, siamo nella condizione per cui, non riuscendo a svelare ciò che è sotto i nostri occhi, siamo comunque indotti a ricominciare - incessantemente - l'opera di riconoscimento.

Ecco, l'ascolto – detto in due parole - è esattamente questo: l'avere a cuore, il sentirsi implicati, l'approssimarsi all'enigma dell'altro. Un'operazione tanto più etica, cioè rispettosa dell'altro, quanto più avvertita risulta la rinuncia ad ogni presunzione di possesso.

I contributi di questo numero di YM investigano alcuni fra gli aspetti dell'ascolto qui descritti e ad essi si aggiungono interventi di pregio, come quello donatoci da Adriano Fabris, unanimemente riconosciuto dalla comunità scientifica quale vera e propria pietra miliare nell'ambito degli studi sull'etica della comunicazione.

Nel salutarci, abbiamo due buone notizie da condividere.

La prima notizia è che Silvio Grasselli, già coordinatore editoriale di YM, non solo si è recentemente addottorato in cinema nell'Università di Tor Vergata, ma è stato scelto quale selezionatore ufficiale del Festival dei Popoli di Firenze. Si tratta di due avvenimenti che ci rendono profondamente felici e che premiano la qualità e l'impegno di una persona generosa dalle doti non comuni.

La seconda notizia è che YM ha dato la sua disponibilità ad organizzare un workshop sull'ascolto nell'ambito del Congresso Mondiale di Filosofia (23rd World Congress of Philosophy - WCP 2013) che si svolgerà nel mese di Agosto 2013 ad Atene. Troverete ulteriori notizie sul nostro sito: www.yodmagazine.it

E allora, che ne dite, ci vediamo in Grecia?

direttore@yodmagazine.it

GIOVANNI SCARAFILE

Giovanni Scarafile è docente di Etica e deontologia della comunicazione e di Cinema, fotografia, televisione nell'Università del Salento.
È membro della SCSMI, Society for Cognitive Studies of Moving Images, dell'Association Internationale pour l'Etude des Rapports entre Texte et Image e dell'IASC, International Association for the Study of Controversies. Autore di diverse monografie, ha recentemente pubblicato alcuni saggi su Kairos. Journal of Philosophy & Science, edito dal Centro de Filosofia das Ciências dell'Università di Lisbona e su RIA. Revista Iberoamericana de Argumentación edita dal Departamento de Lógica, Historia y Filosofía de la Ciencia dell'UNED di Madrid.
A crua palavra, un suo libro-intervista al filosofo israelo-brasiliano Marcelo Dascal, pubblicato nel Settembre 2010 in inglese, è stato tradotto in otto lingue.

UNA CAREZZA LIEVE. NOTE PER UN'ETICA DELL'ASCOLTO

Ascoltare significa prestare attenzione ad un'alterità che viene ad abitare all'interno della coscienza. Ci chiediamo se esista una modalità appropriata di riferimento ad una tale alterità e quale ruolo svolga all'interno di questo processo il gesto della carezza.

8

ALBERTA GIANI

Dopo una lunga esperienza di insegnamento e di formazione nelle scuole secondarie, è diventa ricercatrice confermata di psicologia dello sviluppo e dell'educazione presso il Dipartimento di Scienze Pedagogiche, Psicologiche e Didattiche dell'Università del Salento. Gli ambiti di studio ed approfondimento riguardano fondamentalmente i contesti scolastici, il processo di apprendimento, con particolare attenzione all'ambito emotivo/affettivo, la costruzione di rapporti di fiducia nell'ambito della mediazione insegnante/alunno e nell'organizzazione scolastica, i processi di comprensione dei testi. Nel 2010 ha pubblicato, a sua cura, una raccolta di saggi dal titolo "Quale fiducia? Riflessioni su un costrutto complesso", edito da Armando.

L'ASCOLTO: VERA PRATICA COMUNICATIVA

Qual è il ruolo dell'ascolto nella costruzione di se stessi e delle relazioni sociali? Come l'ascoltare esercita il suo ruolo nei confronti di chi parla nei contesti quotidiani?

14

PATRIZIO MISSERE

Patrizio Missere, nato in Svizzera nel 1970, dal 1995 è sacerdote della diocesi di Oria (BR), dove svolge il ministero di parroco, nel comune di Manduria (TA), di direttore dell'Istituto Superiore di Scienze Religiose e di docente di Sacra Scrittura. Ha studiato filosofia e teologia presso la Pontificia Università Gregoriana di Roma; ha conseguito il titolo specialistico in scienze bibliche, presso il Pontificio Istituto Biblico di Roma, e il dottorato, presso la facoltà teologica dell'Italia meridionale di Napoli, con uno studio esegetico sul libro dell'Apocalisse.

«SHEMA' JISRAEL... ASCOLTA, ISRAELE...»

Nell'ebraismo, l'ascolto trova la sua casa. Shema' Jisrael costituisce il credo per eccellenza del giudaismo, fulcro di tutta la sua tradizione spirituale. Se la fede è un evento, un bagliore nell'oscurità in cui l'anima umana entra in comunione con la gloria di Dio, condizione perchè questo accada è l'ascolto.

20

GIANPAOLO CHIRIACÒ

Gianpaolo Chiriacò lavora come Marie Curie Fellow Researcher presso il Center for Black Music Research (Columbia College, Chicago). Tra le sue ultime pubblicazioni: Re: Sounds. Musica, parole, dischi e social network (2011, Unisalento Press) e il saggio L'incerto cammino del ritorno. Il canto di Syd dalle irriverenze al silenzio (2012, Stampa Alternativa). Nel 2011 è stato visiting researcher presso il BMRC-University of Chicago con una ricerca dal titolo "Where the Echoes Shine. L'eredità dei field hollers nella black music contemporanea".

HOMELESS. L'ASCOLTO NON INNOCENTE

Gianpaolo Chiriacò prende in considerazione le barriere e i filtri culturali che intervengono nell'ascolto della voce umana, e in particolare della voce cantata, muovendo da un caso di cronaca legato al celebre disco di Paul Simon, *Graceland*.
In confronto con i filosofi Derrida, Barthes e con il performer Stratos, si suggerisce la tesi che pur non esistendo un ascolto non innocente, l'ascolto di una voce cantata può evolversi storicamente, e può arricchirsi proprio in virtù del riconoscimento delle sottili direttrici affrontate e descritte nel testo.

24

THEO BLECKMANN

Theo Bleckmann è uno dei vocalist più apprezzati nel mondo della musica colta contemporanea. Nato in Germania, è cresciuto professionalmente a New York, dove vive tuttora. La sua carriera, sviluppatasi principalmente come partner artistico di Meredith Monk, lo ha portato a elaborare una concezione totalmente originale del fare musica e dell'uso della voce in cui la componente giocosa si unisce in maniera indissolubile a una ricerca sulla purezza del suono e sulla quintessenza dell'emissione vocale. Nei suoi dischi e nelle sue performance dal vivo, Bleckmann ha sempre mostrato una totale apertura, interpretando i diversi repertori (dai brani medievali alle creazioni più recenti) e le diversi possibilità di ensemble (dal solo all'orchestra sinfonica) con uno stile e una presenza sempre molto riconoscibili. In questa intervista spiega quanto il canto non possa essere separato dalle sue componenti psicologiche e dalla storia che il performer vuole raccontare. E mette in luce quanto tali componenti siano fondamentali nel determinare le nostre attitudini d'ascolto.

29

VIRGINIO PAVARANA

Virginio Pavarana inizia i suoi studi a Verona, città natale. Diplomatosi molto giovane al Conservatorio di Milano, entra subito nella Scuola di Arturo Benedetti Michelangeli ad Arezzo e Siena. Studia per 4 anni con il Maestro che intanto lo presenta subito ai Festivals di Arezzo e Rimini a Lui dedicati e più tardi al Festival di Brescia e Bergamo (Il pianoforte di Beethoven) vicino ai grandi nomi del concertismo. La critica gli rivolge subito una grande attenzione. Nello stesso anno, giovanissimo, diventa titolare di cattedra al Conservatorio di Trento, ma sarà il Concorso Internazionale Pianistico di Ginevra ad aprirgli il futuro nel mondo concertistico.
Trasferisce la sua attività didattica al Conservatorio di Verona mentre quella concertistica lo vede impegnato in Europa, Australia e Stati Uniti dove viene invitato per concerti, registrazioni e master class. Negli ultimi tempi si è dedicato alla musica contemporanea. Attualmente è direttore artistico degli Amici della Musica.

UN INVITO ALL'ASCOLTO

In questo dialogo, si affrontano temi di grande rilevanza: che cosa significa ascolto in ambito musicale? La musica ha una dimensione politica?

30

RICCARDO SCORZA

Riccardo Scorza, ha conseguito il diploma di maturità classico-sperimentale ed attualmente frequenta la Facoltà di Giurisprudenza nell'Università del Salento. Ha sviluppato le sue conoscenze musicali alla Scuola Harmonium di Lecce, avvalendosi dell'insegnamento dei maestri Venturoso, Damiani e dei Lazzaretti. Ha approfondito lo studio della storia del rock, delle band, delle tecniche musicali e dei testi. Collabora come batterista con i gruppi Monoessenza e Klotzac. I primi, che esprimono un rock melodico, partecipano alla semifinale del Tour Music Festival. I secondi, gruppo grunge/heavy metal, hanno appena prodotto il loro primo EP (Numeri).

LA MUSICA E L'ASCOLTO OLTRE IL SUONO

Ci sono generi musicali "inascoltabili"? Se lo chiede Riccardo Scorza, prendendo in esame diversi generi musicali, ma soprattutto lo spirito della musica.

34

ADRIANO FABRIS

Adriano Fabris è professore ordinario di Filosofia morale nell'Università di Pisa, dove insegna anche Etica della comunicazione. Nella stessa Università è direttore del Master in Comunicazione Pubblica e Politica e del Centro interdisciplinare di ricerche e di servizi sulla comunicazione. Collabora inoltre con l'Istituto di Filosofia applicata di Lugano, dove ha promosso l'Istituto "Religioni e teologia" (ReTe).

APORIE DELL'ETICA DELLA COMUNICAZIONE

Nel suo saggio, Adriano Fabris discute alcuni decisivi nodi problematici dell'etica della comunicazione: perchè un'etica della comunicazione? Quali etiche di fronte alla comunicazione? Che cos'è l'etica della comunicazione?

36

MARINA ALEMANNO

Marina Alemanno ha conseguito la laurea di primo livello in scienze e tecniche psicologiche presso l'ateneo di Lecce ed è attualmente iscritta al primo anno magistrale del corso "psicologia del lavoro e delle organizzazioni" a Roma, presso la Sapienza. Inoltre, ha studiato recitazione presso l'accademia talenti nascenti di Lecce e recitato in diversi teatri salentini, come membro della compagnia teatrale "Salenzia". E' attualmente iscritta al primo anno dell'accademia nazionale del teatro e dello spettacolo "la maschera in soffitta" di Roma.

IN ASCOLTO DELLA VERITÀ (NELLA FINZIONE). UN'IDEA STANISLAVSKIJANA DELLA RECITAZIONE

Si ricostruisce il contributo di Stanislavskij all'opera dell'attore, con particolare attenzione al concetto di memoria emotiva.

50

TIZIANA PROIETTI

Tiziana Proietti (Roma, 1983) svolge attività didattica e di ricerca in qualità di dottoranda del Dipartimento di Architettura DIAP, "Sapienza" Università di Roma. È autore del testo Concinnitas. Principi estetici nell'opera di Leon Battista Alberti *(Nuova Cultura, 2010), all'interno del quale ha esposto i risultati della sua ricerca sul concetto di concinnitas albertiano, evidenziandone l'estrema attualità a supporto del progetto contemporaneo di architettura. In continuità con le sue precedenti ricerche sulle teorizzazioni architettoniche rinascimentali, attualmente è impegnata in studi riguardanti la teoria proporzionale nell'architettura moderna e contemporanea, argomento sul quale ha realizzato numerose pubblicazioni.*

CONCINNITAS

Nelle pagine di *Verità e metodo*, Gadamer individua in Leon Battista Alberti il fautore dell'avvento di una nuova cultura del visuale. Della multiforme attività dell'artista rinascimentale parliamo con Tiziana Proietti, autrice del libro *Concinnitas. Principi estetici nell'opera di Leon Battista Alberti.*

56

PAOLA COPPI

Paola Coppi (Bari, 1972) si è laureata in Filosofia con Roberto Finelli presso l'Università di Bari.
Ha conseguito la specializzazione in Scienze della Cultura, presso la Scuola Internazionale di Alti Studi, Fondazione Collegio San Carlo di Modena. Si è diplomata e ha conseguito il Magistero in Scienze Religiose, rispettivamente presso l'ISSR di Bari e di Verona. Attualmente insegna religione cattolica in alcuni istituti superiori di Verona.

ÉVORA. UNA CITTÀ DA ASCOLTARE. IN SILENZIO

Ci sono luoghi che vanno non solo visti, ma ascoltati. Paola Coppi ci rende partecipi dell'esperienza vissuta ad Évora, in Portogallo, dove secondo Saramago, «c'è un'atmosfera che non si ritrova in nessun altro luogo».

62

JULIANA DE ALBUQUERQUE KATZ

Juliana de Albuquerque Katz nel luglio 2009 si è laureata in Legge nell'Università Cattolica di Pernambuco, presentando la monografia "Etica, riconoscimento e ambiguità: un dialogo tra Hegel e Simone de Beauvoir".
Ha inoltre pubblicato il saggio "Tous les hommes sont mortels: un essai au sujet de la dialectique de Maîtrise et Servitude", nel volume Simone de Beauvoir cent ans après sa naissance: contributions interdisciplinaires de cinq continents (TÜBIGEN, Gunther Narr Verlag, 2008). I suoi interessi di ricerca spaziano da Hegel all'idealismo tedesco, dall'esistenzialismo francese alla fenomenologia.

THE SILENT DWELLING OF THE EVENT OF LOVE

Passeggiando nel Vigeland Park di Oslo, l'autrice si interroga, facendosi ispirare da Heidegger, sull'amore come evento (testo in inglese).

64

ALBERTO A. VINUDO

Nato a Busan (Corea del Sud) da genitori sudamericani, veneto d'adozione, lavora come grafico presso una rivista che si occupa di cinema e letteratura. Non risponde mai al telefono.

DESERTO

In che modo l'ascolto è presente/ assente nelle relazioni interpersonali? Nel suo racconto breve, Alberto A. Vinudo squarcia il velo di ogni relazione securizzante.

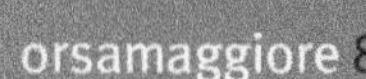

Sguardi sul presente che hanno valore di tagli e ferite, dove il fatto sentimentale si snoda come un pericolo attorcigliato sulle reciproche e irriducibili alterità degli amanti e dove la costruzione dei rapporti affettivi passa per materiali irrazionali - premonizioni, percezioni, immedesimazioni istantanee, déja vu - che solo i versi poetici hanno una speranza di poter trattare.
Stefano Cristante investe nel dialogo a distanza con i classici della poesia italiana le proprie chances di scrittura. Verso libero ed endecasillabo rappresentano la sostanza formale dei versi di Cristante che, nella parte finale, trasmigrano nella prosa poetica (agganciata alla creazione di una personale cosmogonia), prima di congedarsi con un inno alla solitudine che chiarisce il suo tragitto narrativo e il suo obiettivo esistenziale.

COPERTINA

Giovanni Scarafile

UNA CAREZZA LIEVE
Note per un'etica dell'ascolto

"Devi vestirti *a cipolla*". L'espressione incerta ed interrogativa rivelò subito al mio interlocutore che non mi era chiaro che tipo di abbigliamento mi stesse suggerendo.

Quel modo di dire, insieme metaforico e spensieratamente vegetale, per alludere ad una stratificazione necessaria mi torna in mente adesso per riferirmi al tema dell'ascolto che, in effetti, è un concetto formato da più livelli, tra loro connessi.

Una sola parola, dunque, ascolto, per indicare due direzioni diverse, seppure connesse. Pensandoci, come per altre lingue, anche in italiano distinguiamo un sentire da un ascoltare.

Qual è la differenza cui alludono i due termini?

Il sentire (in inglese, *hearing*) si riferisce alla soglia percettiva attraverso cui percepiamo i suoni. È una caratteristica in primo luogo riferibile all'apparato uditivo mediante il quale ci si appropria dei dati di sensazione. Da questo punto di vista, il sentire è come il guardare contrapposto al vedere. C'è, però, una differenza, segnalata da Gadamer. Infatti, se possiamo distogliere lo sguardo da qualcosa pur di non vederlo, molto più difficilmente possiamo distogliere l'ascolto. Il sentire dà l'idea di una immersione nelle cose molto più profonda e revocabile a costo di grandi sacrifici.

Da tale prospettiva, il sentire è una specie di antidoto nei confronti di quelle teorie dell'ascolto che pretendessero di giungere direttamente al mondo delle idee (chiamiamolo pure "eidetica") senza passare dalle strade della storia, cioè senza riferirsi alla dimensione concreta del nostro vivere (la fatticità). Ecco, il sentire ci fa capire che queste due dimensioni devono andare insieme se vogliamo veramente cogliere l'ascolto in tutta la sua potenzialità. Era stata proprio questa l'intuizione di Gadamer (2004: 458) quando spiegava che «il sentire è una strada che conduce al tutto».

Dopo il primo strato, costituito dal sentire, arriva l'ascolto vero e proprio.

Rimanendo nella metafora vegetale da cui siamo partiti, mi verrebbe da dire che qui viene da piangere, ma solo nel senso che abbiamo per le mani una parte essenziale della nostra filosofica cipolla.

L'ascolto è la disposizione a prestare ascolto a qualcosa, presente nel sentire, che non riusciamo ancora a decifrare. Parlare di disposizione indica prima di tutto che l'opera del prestare ascolto non è qualcosa di eccezionale, ma è diventato una prassi consueta, acquisita a costo di sforzi e sacrifici. Nel nostro caso, riferito all'ascolto, significa che abbiamo acquisito una certa confidenza con quel tendere non solo l'orecchio ma l'animo tutto intero nei confronti di un elemento misterioso che si presenta a noi e che, a dispetto di ogni evidenza, reclama la nostra attenzione.

Pur mettendo in conto tutta la buona volontà possibile ed immaginabile, è difficile negare il fatto che quando ostinatamente qualcuno esige la nostra attenzione, viene facile reagire nel modo opposto a quello che il nostro interlocutore si aspetterebbe. Se possibile, qui l'indisposizione nei confronti dell'interlocutore è addirittura accresciuta dal fatto che si tratta di uno sconosciuto.

Fermatevi un attimo, mentre leggete e pensateci: come reagireste se un essere sconosciuto vi inducesse ad interrompere ciò che state facendo? Come vi comportereste se, pur volendo ignorare questa presenza molesta, vi rendeste conto che essa invece vi attrae?

Proprio pensando al trovarsi di fronte ad una presenza *fastidiosamente appassionante*, Lévinas (1982: 103) osserva: «e io, chiunque sia, ma in quanto prima persona, sono colui che ha delle risorse per rispondere all'appello». Si tratta di un'affermazione che una giovane studiosa della Denison University negli USA, Lizbeth Lipari (2012: 229) preciserà spiegando che «l'ascolto [...] è essenziale all'incontro etico – è una invocazione che può dare vita al discorso».

Di solito, di fronte a qualcosa di sconosciuto poniamo in essere delle strategie per depotenziare il mistero di ciò che abbiamo di fronte. In questo senso, conoscere è ricondurre alla nostra misura. Quando questa operazione è compiuta, allora il gioco è fatto: il mistero è svelato.

In ciò di cui stiamo parlando invece il nostro interesse scaturiva proprio dal fatto di trovarsi di fronte un enigma.

Concretamente, questo significa che se anche riuscissimo a svelare l'enigma non avremmo ancora capito il perché della sua strana influenza su di noi. A pensarci bene, tale influenza si esercitava non nonostante l'enigma, ma proprio in virtù di esso. La dimensione enigmatica della presenza di fronte a noi faceva scaturire il nostro interesse, seppur – diciamolo – un po' a malincuore.

Gli studiosi hanno descritto questa influenza dell'enigma su di noi, parlando di una «immediatezza primordiale che precede la coscienza»

(Lewin 2005: 377).

Parlando di ascolto, allora, il problema riguarda esattamente lo statuto dell'enigma. Solo se saremo in grado di preservarlo come tale, senza ridurlo alle nostre categorie, potremo cogliere in tutta la sua portata l'ascolto.

Già da questi primi avvertimenti, ci rendiamo conto che l'ascolto è molto più dell'ascolto. Nella sua struttura a strati, esso nasconde un problema che sembra insolubile. Esiste un modo per capire qualcosa dell'altro senza ridurlo alle nostre categorie? Si può rispettarlo in ciò che ha di più proprio senza smembrarlo?

Ecco, parlare di ascolto significa provare a rispondere a queste domande, esercitando una tutela nei confronti di quell'invisibile mistero dell'altro, che si presenta a noi già al livello del sentire.

Possiamo, allora, guardare un po' più da vicino al modo in cui l'attenzione funziona?

E qui, ricominciamo.

Sì, perché l'attenzione è come la cipolla di cui sopra. La strutturazione a livelli dell'ascolto è stata segnalata sia dalla psicologia sperimentale sia dal fondatore della fenomenologia, Husserl.

In uno scritto del 1890, il filosofo William James (1890: 403) scriveva che «Ognuno sa che cosa è l'attenzione», specificandone poi due dimensioni costituitive: focalizzazione e concentrazione.

Oggi in pochi sarebbero pronti a sottoscrivere quelle dichiarazioni. Recentemente Sebastian Watzl (2011: 848), uno studioso dell'Università di Harvard, ha scritto che la «scienza cognitiva mostra che ci sono vari processi dell'attenzione. Essi condividono alcune somiglianze, ma manca qualsiasi unità di fondo». È per questo che esistono numerosissimi modelli di attenzione.

Vediamone alcuni:

1) attenzione focale vs. attenzione globale (Treisman 2006). La prima si pensa sia diretta verso un particolare oggetto o evento, mentre la seconda si distribuisce su un ambito più vasto;

2) Attenzione ad interruttore (la cosiddetta *on-off attention*) vs. attenzione graduale (si veda, Depraz 2004: 14). La differenza tra i due approcci si fonda sulla eventuale possibilità che l'attenzione possa o meno attivarsi secondo una gradualità.

3) Attenzione volontaria vs. attenzione involontaria, dove la prima è controllata dalle intenzioni del soggetto, mentre la seconda è inintenzionale, attivata dalla rilevanza di un qualche stimolo sensoriale;

4) Attenzione esogena vs. attenzione endogena, dove la prima è controllata dallo stimolo, mentre la seconda è controllata internamente (si veda, Smallwood and Shooler 2009);

5) Attenzione percettiva vs. attenzione esecutiva, dove la prima consiste nell'attribuzione di priorità a certi stimoli, mentre la seconda è una centrale capacità di processare gli stimoli (vedi, Pashler 1998);

6) Prestare attenzione a qualcosa vs. l'evento di spostare l'attenzione da una cosa ad un'altra (see Watzl 2010; Wu 2011).

Questi approcci hanno aggiornato posizioni più datate cui tuttavia non possiamo rinunciare a guardare, sperando di trovare già in esse un modello che possa adattarsi alle nostre esigenze. Broadbent (Broadbent 1958) aveva equiparato l'attenzione ad un filtro in grado di fungere da meccanismo selettivo. La selezione avverrebbe non in base all'analisi del significato, ma valutando altre informazioni, tra cui l'intensità.

In tutti i modelli considerati esistono dei motivi di interesse ai fini

della nostra analisi perché in un modo o nell'altro individuano l'esistenza di un livello dell'attenzione (che – ricordiamolo – è una parte dell'ascolto) attivo già prima che l'attenzione abbagli con la sua luce l'oggetto considerato.

Per questo, provando a fare una sintesi tra i molteplici approcci al tema dell'attenzione, lo studioso francese Pierre Vermersch, già nel 2004 selezionò tre dimensioni irrinunciabili dell'attenzione.

1) Vigilanza. La vigilanza, uno stato di allerta nei confronti del mondo, è basata sull'attivazione di un struttura nervosa chiamata "il reticolo";

2) Orientazione. È basata su una struttura e su un distinto percorso nervoso i cui tempi di risposta sono nell'arco di 20-40 millisecondi. Si tratta di una caratteristica di identificazione che consente all'organismo di rispondere in modo rapidissimo;

3) Attenzione volontaria o coscienza. Questa dimensione ha tempi di risposta nell'arco di 400 millisecondi, che «è il tempo corrispondente all'identificazione semantica» (Vermersch 2004: 53)

Ricapitolando, dunque: l'attenzione ha diverse fasi. Una di esse consiste esattamente in un accorgersi della presenza di qualcosa senza che questo riconoscimento equivalga ad un assorbimento di una tale alterità alle nostre categorie.

Questa informazione è già in grado di dirci che si può cercare un approccio all'alterità in grado di preservarla per ciò che è. E tuttavia, i riscontri emersi sul versante delle scienze sperimentali non ci bastano. Vogliamo togliere l'ultimo strato alla cipolla dell'attenzione: che cosa avrebbe da dire Husserl in merito?

Husserl ha parlato di attenzione nei suoi scritti, ma sempre in relazione alla intenzionalità che, a suo avviso, era la caratteristica fondamentale della coscienza. La coscienza è sempre in relazione a qualcosa, non sussiste da sola. L'abbinamento tra intenzionalità ed attenzione è ribadito nel §92 del primo libro di *Idee*. Qui Husserl scrive che l'attenzione è come una sorgente di luce. È una metafora interessante, se ci pensate, non solo perché è chiara, ma anche perché spiega che al centro di questo cono di luce ci sono zone più chiare, mentre ai margini ci sono zone più scure. Fuor di metafora, Husserl ci vuole far capire che l'attenzione non è un fenomeno statico, ma al contrario esso possiede un dinamismo.

Del resto, ne *La teoria del significato* Husserl aveva distinto tre livelli di attenzione:

1) notare primario. Si presta attenzione in modo privilegiato ad un oggetto piuttosto che ad altri percepiti contestualmente;

2) notare secondario. Un oggetto o gruppi di oggetti si costituiscono come sfondo dell'osservazione principale e dunque sono presenti alla coscienza, ma in modo subordinato;

3) intendere tematico. È un modo specifico di fare attenzione,

equivalente a vivere nel tema corrispondente (con le sue parole: « Sie-zum-Thema-Machen»).

L'importanza della distinzione di Husserl è spiegata da Depraz (2004: 14, corsivo mio): «Mentre l'intenzionalità è un modello formale della struttura della coscienza, la cui apertura poggia sull'essere diretti linearmente verso l'oggetto, l'attenzionalità come modulazione attribuisce ad ogni atto della nostra coscienza una *densità materiale fluttuante* dovuta alle sue variazioni interne ed alla sua concreta modificabilità».

È esattamente il riferimento alla possibilità di una variazione della densità di ciò che si presenta tramite l'attenzione a costituire motivo di enorme interesse ai fini della nostra analisi. Parlare di gradualità significa infatti, almeno a livello teorico, ipotizzare una *densità non solubile*, caratteristica riferibile all'altro.

Facciamo un ultimo sforzo:

In *Esperienza e Giudizio*, Husserl parla dell'atto della prensione, una forma di contatto con le cose, uno stadio particolare nel flusso della coscienza. Il modello di Husserl consiste di tre stadi: uno stadio finale di prensione attenzionale, definito anche l'esser desto dell'io; uno stadio iniziale, privo di prensione, che Husserl descrive come pre-datità. Tra questi due livelli, vi è una soglia in cui la coscienza si sofferma su un oggetto, con un *contatto lieve come una carezza*, un tocco leggero che inizia nel momento stesso in cui finisce.

Eccoci qua. Siamo forse giunti nel punto cruciale del nostro percorso.

Ci interrogavamo sull'eventuale esistenza di un modo appropriato per avvicinare l'altro che si dà nella coscienza. Questo approccio, lieve come una carezza, sembra avere i requisiti cercati e diventa così segno concreto di un ascolto effettivo. La carezza, lo ricorda Mariella Combi (Combi 1998, 196), è «calore che passa attraverso la porosità della pelle per raggiungere il dentro di un altro. Essa nasce dall'interno, dalla profondità abissale del dentro, passa per il fuori della propria pelle verso il fuori della pelle dell'altro per raggiungere il suo dentro. Dentro fuori fuori dentro, in uno scambio continuo, fluido, ininterrotto che tende innanzitutto a creare unione e rassicurazione».

In conclusione, tutti i riscontri fin qui accennati, sebbene appartenenti ad approcci disciplinari differenti, offrono una cornice di plausibilità al concetto di ascolto come luogo effettivo ed autentico in cui l'altro può essere colto nella sua alterità radicale, indipendentemente da qualsiasi riduzione al sé. Ancora più esplicitamente, essi ci dicono che la possibilità di un ascolto effettivo dell'altro è stata riscontrata sia a livello cognitivo sia a livello fenomenologico.

Ovviamente, che queste possibilità esista non significa che essa si attivi automaticamente. È anzi necessario quella disposizione cui facevo cenno in precedenza.

L'ascolto è la disposizione a rendicontare un enigma che ci riguarda. Esso, come scrive Lizbeth Lipari (Lipari 2012: 237) «pone in essere un surplus infinito di benvenuto, invito e ricezione, non importa cosa sia detto o ascoltato. L'ascolto, in contrasto con il sentito, è un potenziamento di responsabilità resa manifesta attraverso una postura di ricettività, una passività del ricevere l'altro in se stessi senza assimilazione o appropriazione. L'ascolto è un processo di contrazione, consiste nello stare un passo indietro e creare un vuoto nel quale l'altro può entrare». ■

Riferimenti bibliografici

Broadbent, D.E. 1958. *Perception and Communication*. London: Pergamon Press.

Combi, M. 1998. *Il grido e la carezza*. Roma: Meltemi.

Depraz, N. 2004. Where is the phenomenology of attention that Husserl intend to perform? A transcendental pragmatic-oriented description of attention. *Continental Philosophy Review*. 37. 5-20.

Gadamer, H.-G. 2004. *Truth and Method*. London – New York: Continuum.

Husserl, E. 2002. *Idee per una fenomenologia pura e per una filosofia fenomenologica*. Libro primo. Torino: Einaudi.

Husserl, E. 2007. *Esperienza e giudizio. Ricerche sulla genealogia della logica*. Milano: Bompiani.

Husserl, E. 2008. *La teoria del significato*. Milano: Bompiani.

James, W. 1890. *The Principles of Psychology*. Cambridge, MA: Harvard University Press.

Lévinas, E. 1982. *Ethique et Infini*. Paris: Fayard.

Lewin, P. 2005. Understanding Narratively, Understanding Alterity. *Human Studies*: Kluwer Academic Publishers, No. 28, 375-383.

Lipari, L. 2012. Rhetoric's Other: Levinas, Listening and the Ethical Response. *Philosophy & Rhetoric*: Penn State University Press, Vol. 45, No. 3, pp. 227-245.

Pashler, H. 1998. *The Psychology of Attention*. Cambridge, MA: The MIT Press.

Smallwood, J. J.W. Scholler. 2009. Mind-Wandering. In T. Bayne, A. Cleermans, P. Wilken. *The Oxford Companion to Consciousness*. Oxford/new York: Oxford University Press.

Treisman, A. 2006. How the Deployment of Attention Determines What We See. *Visual Cognition*. 14.4-8, 411-43.

Vermersch, P. 2004. Attention between phenomenology and experimental psychology. *Continental Philosophy Review*. 37. 45-81.

Watzl, S. 2010. *The Significance of Attention*. PhD Thesis, Columbia University.

Wu, W. 2011. What is Conscious Attention? *Philosophy and Phenomenological Research*. 82.1, 93-120.

Alberta Giani

L'ascolto: vera pratica comunicativa

"Avete fatto qualcosa che noi tutti dovremmo fare molto più spesso: mi avete permesso le mie storie. Il mondo avrebbe un aspetto migliore se permettessimo al nostro amico, alla nostra amica, a nostra moglie, a nostro marito, ai nostri figli, ed anche al nostro amico ammalato, le loro storie"

Peter Bichsel

Ascoltare è per molti di noi una delle prime modalità attraverso cui si entra in contatto con gli altri e, poi, in seguito allo sviluppo ed all'acquisizione del linguaggio (capacità propriocettiva[1], dialogo interno) con se stessi. Da sempre ci accompagna. È una di quelle abilità - esclusi coloro che hanno gravi compromissioni uditive - alla quale siamo esposti da subito, fin nel ventre materno. Essendo così familiare, compagna abituale della nostra esistenza, corre un serio rischio: quello di "sparire", di non diventare oggetto da analizzare, da scomporre nei suoi elementi costitutivi. In una parola, l'ascolto lo diamo per scontato, non merita certo l'attenzione che attribuiamo alla "udibilità" del parlato, di cui , peraltro, rappresenta lungo un'asse immaginaria, il polo simmetrico (ascolto/parlato).

Se poi guardiamo alle altre due abilità linguistiche più "concrete e visibili", la lettura e la scrittura, per le quali esiste una vasta e ricca letteratura di ricerca, l'ascolto sembra

essere una sorta di “Cenerentola” impalpabile e sfuggente. Io vorrei mostrare, invece, quanto l’ascolto sia fondamentale, pregnante, strutturante per la costruzione di se stessi e delle interazioni sociali. Ci si può porre in una situazione di ascolto in molti modi ed ognuno di essi racconta qualcosa di importante, sia riguardo la personalità dell’ascoltatore, che dell’altro, inteso come interlocutore, che del contesto che qualifica, determina, significa, dà valore alla comunicazione. Questi tre elementi possono essere esaminati in maniera discreta, separati l’uno dall’altro, ma agiscono influenzandosi reciprocamente e il senso della comunicazione è dato dal vederli come elementi costitutivi di un sistema il cui prodotto è più della somma delle singole parti.

Si pensi, ad esempio, ai contesti nei quali l’ascolto è parte fondamentale del lavoro: l’interazione medico/paziente, psicoterapeuta/cliente, insegnante/alunno. In tali casi, il *parlato* dovrebbe essere oggetto di formazione e di riflessione specifica, in quanto è parte fondante del ruolo professionale (nel contesto

rifletti, pensa, fai silenzio,impara ad ascoltare. | federicabiasi | | www.flickr.com

scolastico, ad esempio, l'insegnante deve non solo scegliere un lessico appropriato al contenuto disciplinare ed alle caratteristiche di chi ascolta, ma deve anche attivare una serie di modalità comunicative al fine di raggiungere il suo scopo, che è l'apprendimento di quel contenuto da parte degli allievi).

Ma il mio intento, piuttosto, è cercare di analizzare *come* l'ascoltatore esercita il suo ruolo nei confronti di chi parla nei *contesti quotidiani*. Cerco, cioè, di capire cosa accade, ad esempio, quando una madre ascolta il suo bambino (anche se ancora non utilizza parole) durante l'allattamento, o quando una moglie ascolta il resoconto di una giornata di lavoro del marito o compagno, oppure la narrazione di una mattinata scolastica del figlio, o, ancora, le confidenze tra amiche. In sostanza tutte quelle situazioni comunicative che riempiono la nostra quotidianità.

Abbiamo già detto che parlare e ascoltare sono coordinati a livello semantico e cognitivo. Ciò che qui mi preme sottolineare è che sono, soprattutto, alla base delle *relazioni interpersonali*. Mentre per il senso comune l'ascoltatore è un ricettore passivo rispetto al parlante, come se bastasse la sola presenza fisica a rendere possibile l'interazione, secondo una visione collaborativa il processo comunicativo implica una continua e reciproca determinazione e ridefinizione del comportamento dei partecipanti (Tomasello, 2008).

In questa prospettiva l'ascolto non solo richiede specifiche modalità collaborative con i partecipanti, ma *è propedeutica* alla capacità di rapportarsi agli altri.

Concepire l'ascolto come una attività *di per sé* attiva, significa negare l'esistenza di un ascolto passivo. È vero che tante volte accade di rimandare a chi parla tutti quei segnali verbali e non verbali che rassicurano il parlante sull'ascolto dell'interlocutore, ma che in realtà sono il frutto di un disinteresse educatamente camuffato, ma è vero anche che non può esistere un ascolto del tutto passivo, sarebbe come scrivere senza usare dei simboli, o leggere non decodificando le parole.

Ma quali sono gli elementi, le caratteristiche, gli atteggiamenti che definiscono l'ascolto attivo nella quotidianità dei rapporti interpersonali? In altre parole, cosa significa sincronia?

In linea generale, innanzitutto è necessario prestare *attenzione*, è imparare i *tempi* di attesa, rispettare il turno degli altri evitando le sovrapposizioni e la egocentrica presa del turno, come se l'altro o gli altri fossero unicamente strumentali a far mutare il ruolo da ascoltatore in "parlanti" dei propri bisogni. Questo significa ascoltare se stesso, non l'altro.

Inoltre ascoltare significa certamente ricevere le parole, quindi fare i conti con i contenuti, ma anche prestare attenzione alla *relazione*, al modo in cui le cose vengono dette. Significa, quindi, ricevere le parole, ma anche i silenzi, gli sguardi, i gesti.

Ascoltare, quindi è, come si afferma nella cultura orientale, accostarsi all'altro, anche chi presumiamo di conoscere meglio, come una canna vuota, senza pre-giudizio. Significa mettersi in empatia e, quando è necessario, dare segnali di ricezione verbale e non verbale: "Capisco", "Non capisco", "Spiegati meglio". È manifestare condivisione e comprensione.

Anche nella quotidianità, l'ascolto, quello che coinvolge genitori e figli, le confidenze amicali, le conversazioni tra coniugi, per una autenticità di rapporto, deve essere attivo, e, in quanto tale, diventa *condizione* di una comprensione attiva. Ciò implica di non essere intrusivi nei confronti dell'altro creando una sorta di dipendenza psicologica, ma rispettosi della sua autonomia cognitiva, emotiva e decisionale.

Il rispetto, la non intrusività riguardo agli stili ed ai modi interazionali così come la non invasione dello "spazio" dell'interlocutore, vanno di pari passo con l'*autonomia* dell'altro, con l'attenzione e il riguardo per i suoi vissuti personali.

Abbiamo detto che concepire l'ascolto senza essere intrusivi, significa rispettare i tempi, cioè non interrompere l'altro nel flusso del suo discorso, ma incoraggiarlo lì dove è necessario, con uno sguardo, un gesto, brevi sollecitazioni verbali. Fondamentale è non contendere all'interlocutore il ruolo di parlante dando sfogo ai propri problemi e bisogni.

Va anche detto che rispettare le storie e i vissuti dell'altro non vuol dire necessariamente condividerli: tuttavia li si deve accogliere senza criticarli o sminuirli, dando al parlante la possibilità di esprimersi sul piano ad essi congruente, cioè il piano emotivo (e non quello pratico decisionale).

Spesso, infatti, il dare consigli, se non esplicitamente richiesti, provoca reazioni aggressive o l'assunzione di atteggiamenti di passività da parte di colui che racconta la sua storia. L'ascoltatore, in sostanza può dichiarare il suo punto di vista, ma con la consapevolezza che non sia né l'unico né il migliore possibile.

Vorrei, a questo punto introdurre un altro elemento su cui riflettere: *il silenzio*.

Quando si ascolta, lo si può fare solo *in* silenzio. Ed abbiamo visto che può esserci un silenzio distratto, disattento sia nei confronti delle parole dette che dell'altro come persona con la sua identità, e un silenzio sostanzialmente *vuoto* da preconcetti e schematismi e, quindi, maggiormente pronto ad *accogliere* l'altro, con le sue storie, i suoi bisogni, le sue emozioni. Ritengo ci sia, oltre l'ascolto in silenzio, anche l'ascolto *del* silenzio.

Il *non detto*, così, diventa oggetto da ascoltare, che influenza il *senso* dell'interazione, a volte in maniera intensa e determinante. Esiste un silenzio aggressivo, un silenzio imbarazzato, o annoiato. Sta di fatto che forse, più ancora delle parole, il silenzio può *essere significato* dalla *partecipazione autentica alla relazione* costruita via via nel contesto comunicativo.

Come ascoltare il silenzio? Come denotarlo e connotarlo? Perché è importante ascoltare questa assenza di parole, a volte anche assenza di gesti e di sguardi? Ritengo che per ascoltare la profondità del non detto, al di là delle emozioni espresse esplicitamente anche attraverso il linguaggio non verbale, è indispensabile aver *sperimentato*, in qualche modo *conosciuto* in sé, *attraverso* l'Altro (persone, esperienze, immagini, oggetti, libri, odori, sapori, musiche, gesti, azioni) una variegata, molteplice quantità di emozioni.

Mi viene in mente, sperando di non essere troppo stucchevole, la tavolozza dei colori: noi ne conosciamo pochi, più o meno quelli fondamentali. Uno studioso, invece, sa che esiste una notevole gamma di sfumature, senza soluzione di continuità, tra i due non colori, ossia il bianco e il nero. Le nostre emozioni, forse, sono simili a quella tavolozza e la capacità di riconoscerle, prima in noi e poi negli altri, è un *allenamento* (proprio come andare in palestra, solo che in questo caso si tratta della mente) frutto di una ricerca continua di sé, di una continua autoanalisi. E, nell'ascolto, sentire, percepire, vivere il silenzio *ri-sincronizza* l'interazione all'interno del processo comunicativo.

Quest'ultima riflessione va legata ad un altro aspetto, un altro elemento che entra in gioco: il *potere*. Nella interazione a volte gli attori partecipanti sono in una posizione di parità, come avviene tra amici, a volte invece uno si trova in una posizione di dominanza rispetto all'altro, come nelle interazioni tra medico e paziente, o alunno ed insegnante. Penso sia un punto di vista forse un po' in ombra e spesso trascurato, attraverso il quale osservare ed analizzare una vasta, molteplice quantità di contesti comunicativi formali ed informali.

In conclusione, chi ascolta *sceglie se e come* essere presente per l'altro adottando una prospettiva più o meno decentrata, ossia mettendosi nei panni dell'interlocutore. Ed è da questo *più o meno* che deriva la qualità dell'interazione.

Come in una "danza" i movimenti della interazione sono continuamente negoziati, rinegoziati, riadattati al momento, in attesa delle reciproche variazioni. È un continuo processo regolativo l'interazione, un funambolesco equilibrio tra le parti. ■

Note

1 Particolare sensibilità grazie alla quale un organismo ha la percezione di sé in rapporto al mondo esterno. Insieme a vista, udito e tatto informa come si posiziona il corpo dal punto di vista muscoloscheletrico nella realtà.

Riferimenti bibliografici

Galimberti, U. 2009. *I miti del nostro tempo*. Milano: Feltrinelli.

Mizzau, M. 2002. *E tu allora? Il conflitto nella comunicazione quotidiana*. Bologna: Il Mulino.

Tomasello, M. 2008. *Origins of Human Comunication*. MIT Press.

Wailing Wall | Dainis Matisons | | www.flickr.com

Patrizio Missere

«Shema‘ Jisrael… Ascolta, Israele…»

Elemento basilare della liturgia ebraica è lo *Shema' Jisrael*, il credo per eccellenza del giudaismo, fulcro di tutta la sua tradizione spirituale. Si recita due volte al giorno, mattina e sera; e poiché numerosi martiri l'hanno proclamato nel momento estremo della loro testimonianza, è diventato la preghiera dei morenti. È la professione di fede che accompagna l'ebreo dalla più tenera età sino alla tomba.

La *Mishnah*[1] ne indica tre parti armonicamente strutturate: benedizioni iniziali, nucleo biblico, benedizioni finali. Attestato sin dall'epoca del Secondo Tempio[2], lo *Shema'* era in vigore ai tempi di Gesù e delle prima comunità cristiane. Il più importante tra tutti gli elementi è il primo versetto di *Deuteronomio*[3] 6,4-9, *Ascolta, Israele, il Signore è il nostro Dio, unico è il Signor* , il nucleo più antico e vitale di tutto l'insieme, e quindi il più commentato nel Talmud[4].

In esso è fondamentale l'affermazione dell'unicità di Dio, intesa in

forma funzionale più che ontologica, in linea con la sensibilità ebraica: Dio è l'unico ad aver creato il mondo e a dargli un senso; è l'unico che ha scelto Israele, stabilendo con lui un'alleanza; perciò è l'unico per il quale Israele deve vivere: «Affermando mattina e sera che Dio è l'Unico, il devoto israelita confessava e ribadiva che, in ogni circostanza, soltanto l'adesione al volere divino poteva garantire la sua libertà e la sua piena realizzazione»[5]. Proclamare l'unicità di Dio significa abbandonarsi alla sua volontà provvidenziale e sovrana e, in questo, consiste l'ascolta primario.

L'ebreo sintetizza tutte le conseguenze del suo recitare lo *Shema'* nel concetto *accogliere il giogo del regno di Dio*, illustrato nel versetto biblico: *Amerai il Signore tu Dio con tutto il cuore, con tutta l'anima, con tutta la forza* (*Deuteronomio* 6,5). Ci sono affermazioni basilari: da una parte, Dio è re dell'universo, creatore e promotore di vita e di libertà; dall'altra, la regalità divina non è esercitata in forma automatica, ma esige la risposta libera dell'uomo. Segni della regalità di Dio sono la creazione del mondo e l'uscita dall'Egitto: trasformando il *caos* in *kòsmos*, e traendo Israele dall'oppressione alla libertà della terra promessa, Dio realizza la sua signoria assoluta. La sua regalità è il potere dell'amore che dona l'essere e la vita.

In tal senso, amare Dio è la pienezza della religiosità, la motivazione e l'obiettivo sommo del servizio divino, com'è espresso appunto nello *Shema'*. Il Deuteronomio presenta l'amore a Dio come comando rivolto a tutto il popolo, quale risposta fedele e obbediente al suo amore, manifestato con gli interventi salvifici; questa deve tradursi nella fedeltà al patto dell'alleanza, e quindi nell'obbedienza al volere di Dio contenuto nella Torah. Il rabbinismo[6] sviluppa tale dottrina anche sotto l'aspetto sentimentale, specialmente nei circoli mistici (nella *cabala*[7], per esempio), dove assume particolare rilievo la *deveqùt*, come «adesione/unione» a Dio, come stato di comunione con lui. Per Maimonide (1138-1204) l'amore a Dio è il sommo grado della «dedicazione» alla divinità. In tal senso l'ascolto assume la dimensione più ampia della risposta umana nel riconoscere l'unicità di Dio.

Nella tradizione biblica, l'amore è sovente associato al timore. Il timore denota, in ambito religioso e cultuale (diversamente da quello psicologico), la posizione che la creatura deve assumere di fronte al Trascendente; è un comportamento che prende sul serio Dio; è disponibilità a obbedire a tutti i suoi comandi. L'abbinamento timore/amore compare già nell'Antico Testamento, dove amare e servire Dio significa osservare la Torah con il massimo impegno, con cuore riconoscente e disinteressato, senza mirare a qualche ricompensa. Questo è il significato dominante nelle Scritture e nel giudaismo, anche se non sempre appare così, come si osserva in *Siracide* 2,7-9, un testo, però, non accolto nel canone ebraico.

In tale prospettiva, si colloca il concetto di fede, nella quale consiste, in un certo senso, l'approdo dell'ascolto. La fede biblica è eminentemente volitiva e si traduce in fiducia nel Signore che opera nella storia. In ebraico "credere" si dice *he'emin l*, col significato di "farsi forte su Dio", che interviene per donare salvezza all'uomo. Costui accoglie la sua manifestazione, fidandosi della sua parola-promessa, più in concreto, della

parola scambiata in un patto di alleanza. I rabbini ereditano questo concetto biblico, per cui la fede è sostanzialmente atto di fiducia, in una situazione precisa. Alleanza e fede diventano sinonimi, nella misura in cui si ripone fiducia in colui che nell'alleanza ha dato la Torah, e di conseguenza si accetta e si mette in pratica la legge. Chiunque accoglie e osserva un precetto dell'alleanza esercita la fiducia. Questa fede si manifesta, ovviamente, nel timore e nell'amore appena descritti.

L'aspetto concettuale nella fede è secondario nel rabbinismo, come del resto nella bibbia, dove l'esistenza e di Dio e la sua provvidenza sono presupposti. Sarà impegno del giudaismo ellenistico sviluppare la dimensione intellettiva del concetto di fede. Il termine *pìstis* della traduzione greca dei Settanta (LXX, del III sec. a.C.) significa fiducia nelle promesse di Dio, ma sottolinea anche l'aspetto razionale, cioè l'esistenza di un solo Dio.

Nell'epoca attuale, in cui si dibatte sull'esistenza di Dio, anche l'ebraismo riserva notevole importanza a questa dimensione. Secondo Abraham J. Heschel[8], l'uomo può «trovare» Dio, perché Dio per primo «trova» l'uomo. Dio continua a dire le parole rivolte ad Adamo che si era nascosto: *Dove sei?* (*Genesi* 3,9). In questo consiste il paradosso della fede biblica, riassumibile in quest'unica espressione. Dio è alla ricerca dell'uomo. La nostra ricerca di Dio non può considerarsi esclusivamente un problema umano: anche Dio ne è coinvolto, il suo stesso desiderio è implicato nei nostri rimpianti.

La fede è un evento spirituale non fisico, e tuttavia reale, come un lampo nell'oscurità. L'atto di fede va oltre le ragioni. È difficile per l'anima volgere in un discorso razionale le sue certezze profonde; l'atto di fede non si lascia identificare con la sua forma espressiva. Questa è asserzione di verità, un giudizio, una convinzione; la fede è, invece, un *evento*, qualcosa che accade, un momento in cui l'anima umana entra in comunione con la gloria di Dio. Detto con le parole di Maimonide: *la fede è un bagliore nell'oscurità*. Ma perché tutto questo diventi realtà nell'uomo la porta d'accesso è l'ascolto, per cui Israele – e chiunque voglia ascoltare veramente – si sente sempre ripetere: *Shema', Jisrael...* ■

Note

1 Le tradizioni orali, risalenti all'epoca biblica e trasmesse, in seguito, dai rabbini, dopo la distruzione del secondo tempio (70 d. C.), sono state raccolte nella *Mishna* ("ciò che è insegnato a voce"), nel II sec. d.C., e nel *Talmud* ("studio, insegnamento, dottrina"), nel V sec. d.C.

2 Inizia dopo il ritorno dall'esilio in Babilonia, con la ricostruzione del tempio intorno al 515 a.C.

3 Il Deuteronomio è l'ultimo libro della Torah o Pentateuco e si presenta come una sorta di testamento spirituale di Mosè, prima di morire nelle steppe di Moab, contenente esortazioni varie e codici di leggi.

4 Cfr. nota n. 1.

5 C. DI SANTE, *La preghiera di Israele*, Marietti, Genova 1991, p. 56.

6 Per rabbinismo s'intende quella fase della tradizione giudaica che va dalla distruzione del Tempio, nel 70 d.C., per opera dei romani, al tutto il II sec.

7 Il termine deriva da un verbo ebraico con il significato di "ricevere" e, a partire dal XIV sec. è stato usato per designare il movimento mistico/esoterico ebraico, che aveva assunto forma definitiva nel medioevo (XII sec., circa).

8 Cfr. A.J. HESCHEL, *L'uomo non è solo*, Rusconi, Milano 1987.

Gianpaolo Chiriacò

HOMELESS

L’ascolto non innocente

Theo Bleckmann | John Labbé per gentile concessione dell’autore

Un documentario da poco arrivato nei cinema americani, *Under the African Skies*, racconta la vicenda controversa di uno dei più famosi dischi degli ultimi trent'anni: *Graceland* di Paul Simon. Il lavoro del cantautore statunitense è passato alla storia non solo per la qualità – come sempre altissima – dei suoi testi e del suo canto, ma per il contesto in cui quel disco è nato. Simon veniva dal flop commerciale di *Hearts and Bones*; alla ricerca di nuove direzioni artistiche, si era così imbattuto nella ricchissima produzione musicale sudafricana e aveva deciso di incorporare il sound di alcuni di quei dischi nel suo nuovo album. Da questo punto di vista, *Graceland* è senza dubbio un capolavoro: ha il pregio di restituire la profondità dell'incontro musicale tra un raffinato songwriter e un panorama sonoro tra i più vasti al mondo.

Tuttavia, quei brani erano stati registrati in Sudafrica, con musicisti neri, nel pieno del boicottaggio culturale contro l'apartheid, sancito dall'ONU, che circa dieci anni prima aveva anche proclamato l'embargo militare (mai realmente messo in atto). In prossimità dell'uscita del disco e dei relativi concerti, Paul Simon fu accusato da più parti di aver contravvenuto alle disposizioni dell'ONU. In particolare, suo acerrimo oppositore durante l'intero svolgimento del tour internazionale fu l'African National Congress, organo politico della maggioranza nera sudafricana. Il documentario concentra gran parte della sua attenzione proprio sulla dialettica fra il musicista e l'organizzazione politica. Ma la questione, oltre alla sua natura politica, sollevava problematiche di tipo etico ed estetico, che potremmo sintetizzare così: era più sensato il silenzio dettato dall'ONU o aveva più valore la possibilità che quei musicisti fossero ascoltati da una platea mondiale? In fondo, i Ladysmith Black Mambazo e altri artisti presenti sul disco erano vittime del sistema segregazionista tanto quanto del silenzio imposto dalle organizzazioni mondiali.

Proviamo a sviluppare la questione. Paul Simon, in quegli anni, abborracciò una flebile difesa affermando che il suo interesse primario, dirigendosi verso il Sudafrica, era quello di fare musica: un progetto artistico, quindi, senza alcuna intenzione di compiere un gesto politico. Un argomento alquanto debole, e in effetti è difficile pensare a una star del calibro di Paul Simon che si reca in Sudafrica senza che qualcuno del suo entourage lo avvisi del pericolo in atto. Eddie Prévost, batterista jazz e leader di una corrente musicale inglese promotrice di una musica radicalmente improvvisata e densamente concettuale, anni fa pubblicò un libro dal titolo *No Sound Is Innocent* (Prévost 1995)[1]. Parafrasando quel titolo, è facile sostenere che il disco di Simon non poteva essere innocente. Ma ci si potrebbe spingere ancora più avanti, fino ad affermare – in via forse un po' provocatoria – che nessun ascolto è innocente. Non è mia intenzione approfondire il risvolto politico di questa affermazione (per quanto sia evidente: l'ascolto richiede sempre un coinvolgimento), ma di certo ascoltare è un atto interpretativo. E la questione della sua "non innocenza" è interessante anche in termini storici e culturali.

L'etnomusicologia è una disciplina che conosce bene il problema. Trattandosi, nella maggior parte dei casi, dello studio della musica all'interno di una cultura diversa da quella dello studioso (o come si preferisce dire in tempi recenti: dello studio della musica *in quanto* cultura diversa da quella dello studioso[2]), l'etnomusicologo è chiamato a riconoscere e descrivere i delicati intrecci che legano il patrimonio musicale al contesto (sociale e culturale) d'appartenenza. Ma allo stesso tempo l'interpretazione che il ricercatore darà di quel particolare repertorio (e territorio) su cui ha deciso di concentrare la sua analisi – dedicandoci spesso diversi decenni – sarà ineluttabilmente legata alla propria concezione di musica, alle proprie attitudini di ascolto; in altri termini: alla propria cultura di appartenenza. La sua interpretazione, quindi, non sarà mai innocente.

È un problema con cui, nella mia ricerca, mi scontro quotidianamente. Grazie a una borsa di studio Marie Curie (International Outgoing Fellowship[3]), finanziata dall'Unione Europea, mi occupo di ricostruire l'estetica vocale afroamericana dalla sua formazione ai giorni nostri. Si tratta di una ricerca appassionante e articolata, che punta a ricostruire il modo in cui attitudini canore, tecniche vocali e repertori di canto sono arrivati dall'Africa nel continente americano, evolvendosi nel contesto della schiavitù per poi radicarsi in generi di successo (il blues, il gospel, la soul music, etc.). Quegli stessi elementi vocali – per quanto antichi – costituiscono forze culturali vive ancora oggi, e continuano a definire i contorni di relazioni umane e sociali all'interno delle comunità nere americane. Per il mio lavoro svolgo interviste con performer contemporanei, ma allo stesso tempo studio le fonti storiche: descrizioni dei canti che si sono accumulate e conservate nell'arco di quattro secoli. In un certo senso, il mio ascolto (già di per sé non innocente) deve costantemente mettersi in relazione con i resoconti di testimoni e narratori (a loro volta non innocenti).

I documenti storici su cui lavoro sono, in particolare, commenti scritti da quei viaggiatori (bianchi) che si sono ritrovati investiti dal raggio sonoro di espressioni vocali afroamericane, come i canti di lavoro degli schiavi, e che raccontano (in diari, articoli, libri, etc.) la straordinarietà di quella esperienza.

Di certo l'impatto sonoro con il canto di un gruppo di schiavi intento a raccogliere cereali o cotone, o in cammino di ritorno dai campi, o in marcia in un corteo funebre, non poteva non generare una sorpresa per le orecchie di un cittadino del Nord. Si tratta dell'incontro sonoro con una cultura totalmente diversa, i cui tratti caratteristici erano per molti aspetti opposti all'idea di stampo europeo di un canto "puro", "pulito", "raffinato", "dolce" e "melodioso". L'universo sonoro (e vocale) afroamericano mira alla potenza espressiva, al fragore, alla moltitudine e alla sovrapposizione dei timbri più che alla compattezza e all'omogeneità: lo scontro culturale si riscontra facilmente nelle narrazioni, in cui quel canto così diverso viene descritto come "sgraziato", "barbaro", "rauco", "monotono" e "impuro"[4].

Al contempo, la questione legata all'ascolto del canto è resa ancora più complessa da un particolare: ciò a cui si rivolge l'orecchio, la voce umana, non è soltanto uno strumento musicale ma è anche veicolo della parola. Oggi come allora, il nostro ascolto della voce umana tende a concentrarsi in primo luogo sul linguaggio, e tralascia componenti importanti. Una modalità d'ascolto tutta rivolta al significato si allontana dalle qualità (e dalla grande varietà di messaggi) proprie del significante, di quello che è il significante per antonomasia: la voce.

È Jacques Deridda a interrogarsi in maniera molto profonda sulla difficoltà, che nella sua speculazione diventa una impossibilità, di separare la storia dell'espressione – quindi la storia del linguaggio, e la storia *tout court* – dalla storia della voce: «Che la storia dell'idealizzazione, cioè la "storia dello spirito" o la storia semplicemente, non sia separabile dalla storia della *phonè*, ciò restituisce a quest'ultima tutta la sua potenza di enigma[5]». Un enigma reso tale dal fatto che il significato assegnato a una parola è immediatamente presente all'atto di espressione. Quello che interessa al filosofo francese è l'oggetto ideale e la sua espressione, di conseguenza la possibilità di assegnare significati ideali che non siano intaccati dall'esperienza. In questo ci porta a un'interessante riflessione sull'ascolto: «L'idealità dell'oggetto, non essendo che il suo essere per una coscienza non empirica, non può essere espressa che in un elemento la cui fenomenalità non abbia la forma della mondanità. *La voce è il nome di questo elemento. La voce si ascolta.* I segni fonici [...] sono "ascoltati" dal soggetto che li proferisce nella prossimità assoluta del loro presente. Il soggetto non deve passare fuori di sé per essere immediatamente investito dalla sua attività di espressione. Le mie parole sono "vive" perché sembrano non lasciarmi: non cadere fuori di me, fuori dal mio respiro, in un allontanamento visibile»[6].

Roland Barthes, concentrandosi sul portato sonoro della voce, sulla sua fisicità, sulla sua "grana", sembra allontanarsi dalle posizioni di Deridda. Ciò che lo attrae è il piacere della voce: lo scambio sonoro di corpi nella vocalità e nell'ascolto, un piacere che travalica i limiti della parola. Per Barthes la voce è fatta di membrane, di cartilagine, di una gola che la esprime e di un corpo che ne reclama l'appartenenza. È attratto dal portato personale della voce, che emerge anche in un contesto del tutto artificiale, come l'esibizione di un basso profondo di scuola russa: «La voce [del cantante] non è personale: non esprime niente del cantante, della sua anima, non è originale (tutti i cantanti russi hanno più o meno la stessa voce), e allo stesso tempo è individuale. Ci porta ad ascoltare un corpo che non ha un'identità civile, non ha personalità, ma che allo stesso tempo è un corpo separato. La "grana" è questa: la materialità del corpo che si esprime nella sua lingua madre[7]».

L'interesse di filosofi contemporanei va di pari passo con la riflessione sul linguaggio, ma occupandoci di ascolto l'affermazione di un cantante – pur nella sua stringatezza – può aiutarci a mettere meglio a fuoco il problema. Demetrio Stratos, forte del rigore della sua ricerca sulla fonazione, affermava: «quando qualcuno parla non ascoltiamo la parte più importante del discorso: il suo respiro[8]».

Vale la pena soffermarsi su quanto fatto, insegnato e messo in pratica da Demetrio Stratos nell'arco di pochissimi anni (la sua carriera è stata interrotta da una morte prematura, sopraggiunta a 34 anni). Nato e cresciuto ad Alessandria D'Egitto, da genitori greci, Demetrio Stratos è conosciuto soprattutto per la sua attività come leader degli Area, una delle più avveniristiche e acclamate band di jazz-rock europeo degli anni Settanta. Eppure Stratos, negli stessi anni, aveva sviluppato un approccio allo strumento "voce" estremamente coraggioso e innovativo, che lo aveva portato alla ribalta negli ambienti dell'avanguardia culturale, all'interno dei quali personalità del calibro di John Cage e Merce Cunningham lo osannavano e coinvolgevano.

La sua ricerca sonora e musicale, come lui stesso spiega in un'intervista registrata a Firenze il 23 settembre del 1978, corre lungo tre direttrici. In primo luogo, Demetrio si interessa al funzionamento fisiologico della voce: collabora con vari laboratori di fonetica (in particolare con quello del dottor Franco Ferrero, a Padova), e mette a disposizione il suo corpo e il suo strumento per un'analisi più approfondita delle meccaniche delle corde vocali, delle possibilità di vibrazione e di emissione dell'apparato fonatorio. Affianco a questo, c'è quella che Stratos definisce la ricerca psichiatrica (ma che in realtà comprende anche la linguistica e la filosofia). Stratos non solo coglie l'importanza di una profonda conoscenza di se stesso per una ricerca sulle sfumature (percepibili e non) della voce, ma comprende anche – e in questo è rimasto ancora ineguagliato tra le schiere dei cantanti contemporanei – quanto lo studio della lingua parlata, così come delle diverse fasi d'apprendimento del linguaggio in età infantile, siano funzionali a una ricerca che miri a superare, attraverso il canto, le barriere del linguaggio stesso. Infine, Stratos si rivolge – con una notevole curiosità e un'abilità eccezionale nell'appropriarsi di tecniche complesse – all'etnomusicologia, alle diverse modalità di utilizzare la voce che si sono sviluppate in altre culture, in altri luoghi del mondo.

Stratos anticipa – sul piano artistico – quello che gli studiosi hanno iniziato a fare, ancorché timidamente, solo pochi anni fa: accorpa in maniera interdisciplinare foniatria, psico-linguistica ed etnomusicologia per penetrare i segreti della voce e del canto. Il vocalist greco manifesta così una grande apertura, animata da un'idea precisa della sua missione estetica. Stratos infatti, in linea con le idee del suo tempo, nella sua ricerca sulla voce intende proporsi come esempio, come apripista di un percorso alla portata di tutti (lui stesso si definisce "cavia" nell'intervista citata), che miri a portare benefici a tutte le fasce sociali. Nelle sue intenzioni, il lavoro sulla voce deve poter agevolare «la mamma, il pazzo, il bambino, il foniatra, il logopedista...». In virtù della natura collettiva della sua ricerca, Stratos cerca un avanzamento della società, migliorandone la capacità di usare la voce, e migliorando di conseguenza la capacità di ascolto: porsi in maniera esplorativa, nell'ottica di Stratos, permette di cogliere le sfumature nei suoni inarticolati, nelle crepe tra le vocali, nei collegamenti fra i sintagmi, "nelle pieghe e nelle piaghe del linguaggio"

Si capisce quindi un po' meglio cosa Demetrio Stratos intendesse esprimere quando affermava che il respiro rimane inascoltato. Si riferiva a un insieme di suoni che ci parlano del sé al di là delle semplici parole. Promuoveva una liberazione dalla schiavitù del linguaggio.

Il respiro quindi è solo la punta dell'iceberg, una non-comunicazione che comunica moltissimo. Ma nel suono della voce – sul piano emotivo, culturale e simbolico – sono attive altre tre forze a cui solitamente non si presta attenzione: la memoria culturale, l'individualità e l'affermazione della presenza nello spazio. Il primo punto fa riferimento al fatto che nella voce di un essere umano, nella sua espressione attraverso la cavità orale, si riverberano tutti gli ascolti che l'hanno preceduta[9]. Il secondo punto, l'individualità di una voce, il fatto che una voce sia unica e distinguibile tra mille altri ricordi sonori, ha un valore fondativo nella nostra cultura (lo spiega bene Adriana Cavarero nel suo *A più voci*[10]) e ha riscontro nella vita quotidiana (basti pensare al semplice fatto che non si risponde con il proprio nome al citofono di una persona conosciuta, bensì con la propria voce). Che la voce abbia bisogno di uno spazio in cui manifestarsi, in cui manifestare tanto la propria componente sonora quanto l'esistenza del proprietario di quel timbro, è un punto su cui gli studi sono andati molto avanti negli ultimi anni[11].

Tornando al contesto afroamericano, questi tre punti si declinano in maniera affascinante. Innanzi tutto, lo schiavo nero – deportato in maniera coatta in un altro continente, costretto alla schiavitù in un ambiente ostile, in un panorama geografico oltreché culturale del tutto differente – aveva proprio nella voce uno dei pochi strumenti d'espressione, con cui ricollegarsi a un'eredità antica, tanto più che altri strumenti – come ad esempio il tamburo – furono presto banditi dai proprietari delle piantagioni. Allo stesso modo, è proprio sul territorio americano che lo schiavo nero si è dovuto confrontare con una nuova idea di individualità della voce: il canto, che nella cultura africana è quasi sempre un'attitudine e una pratica collettiva[12], sul suolo americano diventava espressione del singolo, della sua solitudine, della sua sofferenza e della sua speranza. Ed era proprio tramite il canto che uno schiavo familiarizzava con uno spazio sconosciuto, avverso, ma con il quale doveva rapportarsi. È con il canto che ripopolava quello spazio di credenze e divinità provenienti dalla sua terra di origine, riadattandole però, e in parte confondendole con quelle del suo padrone. È con il canto – infine – che uno schiavo africano in America esplorava le dimensioni dei suoi limiti e la possibilità di comunicare con gli altri che condividevano la sua sorte, da una piantagione a un'altra. Di questo canto abbiamo esempi prodigiosi, in quella forma vocale poi definita *field hollers* (pressappoco: richiami nei campi), di cui si è conservata traccia nelle descrizioni dei testimoni, nei racconti di ex schiavi e nelle registrazioni di anziani cantori, sopravvissuti fino all'arrivo del Novecento e del fonografo. Nei loro timbri, in quel vibrato, nell'arco melodico del loro canto, pulsa una storia lunga e complessa.

A un certo punto, in questa storia, avviene qualcosa: nelle testimonianze storiche, in alcune di quelle voci sgraziate, arrochite, nasali, rozze, viene ravvisato un potere d'attrazione. Nei termini di chi la definisce (i cronisti bianchi), quella vocalità rappresenta pur sempre un'espressione barbara, ma è come se a quella stessa espressione fosse a un certo punto riconosciuta una capacità di farsi comprendere che andava al di là delle parole, che arrivava a toccare lo spirito. Si trattava della voce dei primi predicatori neri. Lo studio delle fonti dell'Ottocento dimostra infatti che proprio in quel contesto, nei primi sermoni di cui abbiamo testimonianza, gli osservatori iniziarono ad apprezzare le capacità vocali dei neri americani: nelle voci di quelle orazioni, per quanto poco impostate, veniva individuato un potere di fascinazione, la capacità di raggiungere l'anima. Le qualità vocali che vengono indicate sono spesso la *vocal projection* e la *vocal delivery*, non a caso due termini che fanno riferimento al dominio dello spazio. È come se, a un certo punto, quella voce africana che vibra in America, quella voce luogo della differenza culturale, quella voce «troppo reale per adattarsi a orecchie dai connotati razziali[13]», inizi a creare uno spazio per l'ascolto, per l'ascolto da parte di orecchie bianche. Si avvia in questo modo un cammino verso una maggiore comprensione reciproca, verso un'acculturazione destinata a essere assai più profonda.

Dai sermoni dei primi predicatori neri alla voce di Martin Luther King il passaggio è breve. Non certo dal punto di vista storico, trattandosi di un salto di un secolo e mezzo. Tuttavia è facile a questo punto – dopo aver delineato tale percorso di ascolto – comprendere questo passaggio in termini simbolici, musicali e fonatori. Nella voce del Dr. King, nel momento in cui intona il suo discorso più famoso, passato alla storia come *I Have a Dream*, si agitano «la potenza, il coraggio e la grazia», «la rabbia nera indossata con orgoglio[14]», come anche l'incalzare ritmico, la pronuncia, l'afflato, il crescendo emotivo che si spinge fino al grido, all'arrochimento della voce. Un universo micro-vocalico che per un secolo e mezzo era stato trasmesso e perfezionato nelle chiese nere, e che portava con sé il potere evocativo di una forza ancestrale. Martin Luther King ha avuto la possibilità di indossare quella veste vocale al Lincoln Memorial, ovvero nel luogo più ampio possibile (dal punto di vista fisico ma soprattutto dal punto di vista simbolico). In questa maniera, il potere vocale di quegli spiritual che avevano accompagnato la marcia su Washington (*We Shall Overcome*, *Free at Last*) si è potuto riverberare risuonando in uno spazio globale e senza tempo. Come eterno riconoscimento del potere della voce afroamericana.

Un altro grande leader nero, Nelson Mandela, una volta conclusasi quella prigionia durata più di ventisette anni, e nonostante il parere dell'African National Congress, di cui è sempre stato un leader di spicco, volle incontrare Paul Simon e volle che Simon cantasse in sua presenza i brani di quel famigerato disco. Anche in questo caso, l'ascolto non era innocente: si inscriveva nella necessità di creare un nuovo immaginario collettivo, fatto di convivenza pacifica e di ascolto reciproco. E quale migliore icona di un cantautore americano famoso in tutto il mondo che si esibisce insieme ai suoi colleghi sudafricani? Ma l'evento è significativo, nel breve percorso qui delineato, per dare una risposta alla questione sollevata all'inizio – una questione politica, estetica ed etica – e che riguardava l'ascolto e il silenzio.

Di certo la benedizione di Mandela fu importante per Paul Simon: in questo modo si poteva finalmente scrollare di dosso l'accusa di aver sfruttato l'isolamento dell'apartheid per farsi pubblicità. L'abbraccio simbolico di Mandela a Simon però portava con sé un altro riconoscimento importante: il leader africano ringraziava di persona il musicista bianco per aver condotto le voci del Sudafrica dove potevano essere ascoltate da tutti. Simon aveva creato quello spazio indispensabile all'ascolto; all'ascolto della voce, del canto, della musica come forse dell'esistenza umana.

I Ladysmith Black Mambazo potevano finalmente intonare *Homeless* – una delle interpretazioni più emozionanti inserite in *Graceland* –, ma grazie a quel disco e a quel brano non sarebbero mai più rimasti *voice-less*. ■

Note

1 Eddie Prévost, *No Sound Is Innocent: AMM and the Practice of Self-Invention Meta-Musical Narratives*, Copula, London, 1995.

2 Su questo argomento, uno dei testi più interessanti ed esaustivi è (Nettl 2005).

3 Il nome completo del progetto di ricerca, della durata di tre anni, è "*The Role of Traditional Vocal Styles in Reshaping Cultural Identities Related to African Diasporas in America and Europe*". Per maggiori informazioni su questa ricerca, saranno consultabili online, a partire da ottobre 2012, i siti web: www.rotvosciame.com e www.afro-vocality.com.

4 I testi più completi e documentati disponibili sul mercato, in grado di fornire un'immagine dettagliata della musica degli schiavi neri negli Stati Uniti d'America, sono: Dena Epstein, *Sinful Tunes and Spirituals: Black Folk Music to the Civil War*, Univerity of Illinois Press, Champaign, 1977, e Shane White and Graham White, *The sound of slavery. Discovering African American History through Songs, Sermons, and Speech*, Beacon, Boston, 2005.

5 Jacques Deridda, *La voce e il fenomeno. Introduzione al problema del segno nella fenomenologia di Husserl*, Jaca Books, Milano, 1968, p. 109.

6 *Ibidem*, p. 109.

7 Roland Barthes, *La grana della voce. Interviste, 1962-1980*, Einaudi, Torino, 1986. Non avendo avuto modo di consultare la versione italiana, la citazione viene da: Roland Barthes, "The grain of the voice", in *Image, music, text*, Fontana, London, 1977, pp. 182 (traduzione mia).

8 Il modo migliore per entrare in contatto con la poesia, il canto e la filosofia di Demetrio Stratos è il dvd *Suonare la voce*, Edel, 2006.

9 Gianna Giuliani, *La voce, l'ascolto. Ricerca per una psicologia della voce*, Bulzoni, Roma, 1990.

10 Adriana Cavarero, *A più voci. Filosofia dell'espressione vocale*, Feltrinelli, Milano, 2003.

11 Sul tema, il volume di Carlo Serra, *La voce e lo spazio*, Saggiatore, Milano, 2011 offre una sintesi puntuale e intrigante, ma rimane pur sempre fondamentale l'opera di Paul Zumthor, *La presenza della voce. Introduzione alla poesia orale*, Mulino, Bologna, 1984.

12 Francis Bebey, *African Music: A people's Art*, Lawrence Hill & Company, Westport, 1975, p. 115.

13 Grant Olwage, *The Class and Colour of Tone: An Essay on Social History of Vocal Timbre*, «Ethnomusicology Forum», Vol. 13, N. 2, November 2004, p. 217.

14 Sono espressioni tratte dai versi di Claude McKay, dal suo sonetto *The White House*.

Riferimenti bibliografici

Nettl, B. 2005. *The Study of Ethnomusicology: Thirty-one Issues and Concepts*. Champaign: University of Illinois Press (prima edizione: 1983).

Prévost, E. 1995. *No Sound Is Innocent: AMM and the Practice of Self-Invention Meta-Musical Narratives*. London: Copula.

FIVESTEPSWITH

THEO BLECKMANN

G. Dalla ricerca sul canto afroamericano nei secoli passati emerge che le personalità dotate di maggiore talento ricoprivano anche un ruolo importante nella società schiavistica. Qual è la situazione attuale secondo te?

T. Beh, non esiste un ruolo sociale legato esclusivamente alle abilità del cantante. Ma se ci pensi esiste un collegamento di questo tipo. Se prendiamo in considerazione personaggi pubblici quali Lady Gaga, o Madonna, non c'è dubbio che ricevano una grande attenzione nella società. Qualsiasi cosa dicano, qualsiasi cosa facciano, diventa di pubblico interesse. Anche le persone che non si occupano di musica, o che non amano la loro musica, sono comunque interessate a quello che quei personaggi dicono. Si può discutere del contenuto, ma è comunque interessante che cantanti, o cantastorie, anche se la storia che raccontano è debole o stupida o è stata già raccontata, ricevano tantissima attenzione. Non succede lo stesso con i politici, né con gli scienziati né con gli scrittori. Succede solo con gli attori e con i performer. Sostanzialmente, persone che raccontano storie e che tirano fuori delle personalità che non esistevano prima. In questo senso, il focus è ancora lì.

G. Oltre alla tua attività come performer, hai scritto anche un importante articolo sul canto. Di cosa si tratta esattamente?

T. Ho scritto un articolo per il terzo volume di una collana di libri pubblicata da John Zorn, "Arcana", in cui i musicisti sono invitati a scrivere dell'argomento che preferiscono. Mi sono occupato dei tre aspetti che per me fanno parte del cantare: la tecnica, il gioco o l'abbandono – che in un certo senso è l'opposto e consiste nell'allontanarsi dal seminato, nel fare errori, nell'andare contro il senso comune – e l'aspetto psicologico, che riveste un ruolo importante nel fare musica. Quando ti esibisci, hai con te la tecnica, il gioco e la psicologia, o l'ego, e devi lavorare sulle tre componenti in maniera simultanea. Alle volte qualcuno ha un'ottima tecnica, ed è perfettamente a proprio agio sul palco, ma non ha creatività. Oppure ci sono artisti molto creativi, tecnicamente incredibili, ma che una volta sul palco perdono del tutto il controllo. Bisogna che tutto funzioni bene, allo stesso tempo. Il punto è che per la maggior parte del tempo ci preoccupiamo della tecnica, e solo di tanto in tanto della creatività. Si pensa, in generale, che si possa nascere (o non nascere) creativi, che si possa apprendere la tecnica, ma si ritiene in generale che la psicologia non vada nominata quando si parla di musica. Per questo ho scritto dei tre aspetti insieme.

G. Qual è la differenza, per te, fra il suonare uno strumento e cantare?

T. Nessuna. In circostanze ideali, nessuna.

G. Forse la pressione psicologica è maggiore.

T. No. In ultima analisi è la stessa. Se suoni il pianoforte e sei molto connesso con te stesso, è come se tu stessi cantando. Oppure puoi cantare ed essere totalmente disconnesso. Quindi, in ultima analisi è la stessa. Come vocalist, il tuo strumento è il tuo corpo e sei tenuto a gestire questo fatto. Ma anche per un pianista il proprio strumento è il corpo, anche se il corpo è un canale e quello che produce il suono, fisicamente, è uno strumento esterno. Qualcuno afferma che cantare sia più difficile, ma io non penso che sia vero. Per qualcuno può essere più facile. Il semplice fatto che lo strumento sia all'interno non rende le cose necessariamente più difficili. Potrebbe anche renderle più facili, perché un pianista deve suonare ogni giorno uno strumento diverso, e questo può essere anche più difficile. Ognuno deve gestire le proprie difficoltà, e tutti siamo chiamati a dare il massimo. Allo stesso tempo non sono molto d'accordo con chi afferma che la voce sia il primo strumento, perché questo solitamente implica che sia migliore di altri strumenti. Lo leggo spesso, negli articoli che riguardano la voce, "la voce è il primo strumento". Ok, va bene. E quindi? Vuol dire che sia migliore degli altri per il solo fatto che sia il primo? No, è il primo. Punto.

G. Penso che il tentativo sia di renderlo più spirituale di altri strumenti.

T. Il punto è che non è così. Suonare il flauto può essere ugualmente spirituale se chi lo sta suonando ha una motivazione di questo tipo. Noi cantanti non vinciamo per il fatto che suoniamo il primo strumento. Devi comunque impegnarti al massimo, sia che suoni il trentacinquesimo strumento, sia che suoni il dodicesimo strumento, sia che suoni il primo strumento.

G. Quando sei sul palco in uno dei tuoi concerti in solo, pensi che sia differente da un concerto in solo di un sassofonista?

T. È differente da qualcuno che suona uno strumento diverso. Un piano solo è differente da un sax solo. Differente, non migliore né peggiore, differente. Quello che può essere d'aiuto, per un vocalist, è che per un ascoltatore può essere più facile rapportarsi a qualcuno che canta sul palco piuttosto che a qualcuno che sta suonando il sassofono, soprattutto se sta suonando qualcosa di molto complesso o avventuroso. Se invece si ascolta un cantante come Bobby McFerrin, sebbene siano le stesse identiche note, può essere più facile da digerire perché tutti abbiamo una voce e tutti ci siamo rapportati in un modo o in un altro con la voce, cantando per strada o imitando qualcun altro. Questo potrebbe rendere le cose più facili perché l'ascoltatore possiede già un bagaglio emotivo che potrebbe non possedere quando ascolta un concerto in solo di Sonny Rollins. Ma per qualcuno può essere anche più difficile, perché ascoltare un cantante che emette strani suoni con la voce può essere disturbante. Può non piacere per niente perché si è talmente abituati all'idea del cantante che canta una canzone, con delle parole, che non si sopporta il cambiamento.

G. E cosa cambia invece, nella tua esperienza, tra il cantare canzoni già esistenti e eseguire brani privi di parole o improvvisati?

T. Non c'è alcuna differenza. Sia che canti delle parole, sia che usi una lingua che non conosco, sia che canti senza le parole, l'idea della canzone, la sua motivazione, la sua intenzione è sempre là. Quindi, anche se interpreto un brano senza parole, ho comunque un'idea di cosa parla quel brano, c'è una storia da seguire. E anche se la storia la conosco solo io, è questo quello che conta: avere una storia.

G. Eppure, ascoltando la tua musica, si direbbe che la tua concentrazione è tutta sul suono. Di certo esiste una storia per te, ma si direbbe che ti occupi principalmente della purezza del suono della tua voce.

T. È vero, mi occupo del suono, ma il suono è determinato dalla storia che voglio raccontare. Talvolta la storia può essere "sono un paesaggio", oppure "sono il tempo" o "sono una macchina". Altre volte è una storia che ha un inizio e una fine. Oppure può anche essere una storia del tutto immobile. Ma è sempre la storia che determina il suono, non è mai il contrario. Quindi la domanda è sempre: "cosa voglio raccontare?", "chi sono io in questo momento?", e non è mai: "oh, senti qua, questo è un bel suono. Ora continuo a farlo". Non funziona così per me.

G. E la storia rimane invariata nelle varie interpretazioni, nei vari concerti?

T. Non cambia la storia, ma cambia come io mi sento rispetto alla storia. È come con le persone. Quello che provo nei confronti di un'altra persona cambia ogni giorno perché io cambio ogni giorno, e l'altra persona cambia ogni giorno. Se improvviso, invece, la storia parte da zero.

G. Ma hai comunque una storia da raccontare, anche quando improvvisi.

T. Oh, certo. Penso alla mia storia, e provo a raccontarla, a farla succedere. Qualche volta viene fuori da sola, come quando stai improvvisando con altri musicisti e devi preoccuparti di quello che loro ti stanno dando nello stesso momento. Ma a quel punto non è più solo la tua storia, è la storia che crei insieme a qualcun altro.

MUSICA

Beethoven_bust_statue_by_Hagen-crop1. | Immagine tratta da http://www.ilcorrieredellagrisi.eu/

UN INVITO ALL'ASCOLTO

Dialogo con Virginio Pavarana

di Paola Coppi

L'atmosfera è famigliare. Comoda, su un lungo divano, sto per ascoltare un concerto di piano dal vivo. Davanti al suo pianoforte un caro amico e illustre maestro del conservatorio scaligero. Oggi godo di un'esclusiva che viene offerta solo a pochi intimi. La prova a cui assisto è un'esecuzione dei *Carneval* di Schumann che Virginio Pavarana suona da tempo. Il maestro veronese invita amici che lo possano ascoltare durante le prove prima dei suoi concerti. Una prassi, per lui, obbligata soprattutto prima di ogni importante "performance", registrazione o incisione di cd.

Allora, pronti. Almeno quattro orecchie questa sera ci sono. Nasce così, dopo aver vissuto un'emozione totalizzante, l'idea di intervistare uno degli allievi più convincenti del grande maestro bresciano, Arturo Benedetti Michelangeli.

Un giovane studente, forse tra i più promettenti, che oggi ha alle spalle centinaia di concerti, registrazioni, molte di esse trasmesse in RAI, ed è, tra l'altro, anche il direttore artistico degli *Amici della Musica*, la più antica associazione concertistica scaligera.

Gli chiedo di poterlo intervistare e così dopo un suo sorriso ironico mi riaccomodo sul divano del suo soggiorno pronta nuovamente per ascoltarlo. Da subito gli domando una definizione di musica. Mi guarda, sorride e risponde:

La musica non esiste! Il fatto emozionante è che sebbene tutte le biblioteche del mondo sono piene di musica e che tanti sono coloro che si occupano di musica, la musica, in realtà c'è solo nel momento che la fai. Prima e dopo

Il pianista veronese Virginio Pavarana. | Immagine tratta da Cadenze. periodico di informazione musicale Anno IV n. 17

la musica non esiste. Il suono si fa e diventa musica solo con l'esecuzione. È questo il suo valore poietico. È il fare la musica che ci permette di affermare che la musica esiste. E, se una immagine visiva ti rimane nel tempo, almeno per il soggetto che ti propone, del momento dell'ascolto invece rimane ben poco.

Quando hai sentito per la prima volta l'esigenza di suonare?

Devo confessarti che da piccolo non avevo nessuna intenzione di diventare un musicista. Mio padre era un industriale ben affermato, proprietario di un'apprezzata cantina di vini e io passavo il mio tempo con lui ad assaggiarli, immaginando che avrei seguito le sue orme. Un giorno però accadde che arrivò a casa un grande pianoforte e così a cinque anni iniziai a suonare. Per i primi sei anni di conservatorio era per me quasi un gioco da ragazzi. Senza impegnarmi molto, tutto mi risultava facile. Senza sforzi sostenevo i miei primi esami di conservatorio a Verona che non essendo però istituto parificato, ripetevo presso il Conservatorio di Milano. Entrai in crisi al sesto e poi definitivamente al settimo anno di conservatorio: gli studi mi impegnavano con la polifonia e con Bach: il più grande incubo, per chi non intende affrontare seriamente lo studio della musica. Ero come immobilizzato. Mi ostinavo a non studiare e ormai ero pronto a lasciare la musica. Quando accadde che al mio maestro venne un'idea geniale. Mi allettò con la sua proposta di suonare il pianoforte da solista insieme ad un'orchestra. Per me fu il punto di svolta. Incominciai a studiare con voglia, dalle scale alla tecnica in generale e da quel momento credo di non aver mai più tradito la mia musica. Maturai velocemente e l'approccio con Bach divenne semplice, anzi stimolante. Imparai ad eseguire i suoi ventiquattro *Preludi e Fughe* (programma triennale) in sei mesi. Tanto avevo potuto la promessa del maestro di suonare come solista con l'orchestra. Fu la mia fortuna! Poi venne Michelangeli…

Cosa vuol dire per un musicista ascoltare?

Vuol dire evolversi, migliorarsi, trasformarsi. Purtroppo, le scuole italiane di musica non hanno ancora capito che oltre ad insegnare a suonare uno strumento è imprescindibile l'ascolto di tutta la musica. L'esempio che mi aiuta a spiegare questo mio pensiero e che riporto spesso ai miei studenti è che non si può scrivere senza prima saper leggere. Evolversi vuol dire ascoltare. La musica non c'è se non l'ascolti: se non la fai essa non c'è. Te l'ho accennato già all'inizio di questa conversazione.

Quale è stato il musicista che ti ha conquistato per primo?

Beethoven. Un amore a…primo ascolto!

La musica ha una vocazione politica?

La musica ha una vocazione fortemente politica perché ha un carattere universale. Unisce senza operare forme di discriminazione. Nella mia carriera ho suonato in Europa, Australia eStati Uniti, dove ho anche insegnato. Quello che ho sperimentato ovunque e che mi colpisce sempre della musica è il suo valore sociale: la sua armonia. E l'armonia per esistere deve essere pluralità. Lo sapevano bene i sistemi totalitari che "strumentalizzavano" con l'uso della musica l'universalità del linguaggio musicale per imporre invece un potere solo autoritario e centralizzato.

Se nelle aule dei nostri parlamenti, da quello italiano a quello europeo durante le sedute ci fosse dell'ottima musica di sottofondo, forse anche lo spirito della politica sarebbe più distesa e forse anche le azioni dei nostri politici risentirebbero di quella maggior ragionevolezza e saggezza umana.

Se oggi dovessi scegliere un brano musicale da far sentire alle tue giovanissime nipotine chi suggeriresti?

Sono un po' imbarazzato. Abbiamo un patrimonio musicale immenso. Solo per citare alcuni autori, penso, ad esempio, alle opere per bambini di Schumann, di Prokofiev, di Beethoven, di Grieg, o anche di Bach.

Un esperimento, secondo me, molto interessante per cogliere la sensibilità musicale dei bambini, è quella di far loro ascoltare le esecuzioni di diversi compositori e poi saper cogliere il gradimento che loro mostrano per ognuno. È un giochetto facile e veloce: catturare l'interesse musicale è fondamentale per educare le nuove generazioni alla musica d'Arte. Una volta individuato il genere preferito farlo ascoltare spesso. I bambini sono come le spugne veloci ad impregnarsi.

In Italia, la musica in generale così come l'educazione musicale, che in altre nazioni invece è insegnata sin dalla scuola dell'infanzia, vive un momento di grave crisi. Secondo te possono esserci dei modi per riavvicinare i giovani al mondo della musica classica?

Nella scuola la musica è assente. Ricordo che Benedetti Michelangeli amava ripetere che la "musica è un diritto", ma oggi questo diritto è negato. La musica è innanzitutto un linguaggio, perciò andrebbe insegnato al pari di tutti gli altri linguaggi. La musica si avvale poi degli strumenti che però nelle nostre scuole mancano. Dall'estero abbiamo molto da imparare, a partire dall'attività dei cori musicali che avvicina i bambini alla musica da subito. Sono in compagnia, si divertono con la musica, la vivono perché la fanno!

L'associazione di cui tu sei direttore artistico quest'anno ha proposto nel programma concertistico una coniugazione di espressioni e generi musicali differenti: mi riferisco alla musica jazz, o a quella barocca italiana e spagnola. È mancata però la musica contemporanea, che come ricorda anche Battiato in una sua canzone "mi butta giù". Eppure oggi i giovani sembrano ascoltare solo quella!

Si è vero. Ma cosa intendi per musica contemporanea? La musica contemporanea ha avuto un solo concerto nel nostro cartellone, perché è molto impegnativa all'ascolto e spesso il pubblico non è preparato. Altra cosa la musica di consumo che si esprime con canoni semplici, ripetitivi, dove ogni tanto affiorano delle realtà anche apprezzabili, ma spesso effimere nel tempo.

Una musica da ascoltare tutti i giorni?

Non ridere. Senza dubbio, quella di Bach. Oggi per me è il più grande compositore! Da piccolo non potevo capirlo. Non posso non ricordare il giudizio folgorante che Goethe esprime su Bach e che vede la sua musica come il colloquio che Dio ha con se stesso prima della creazione. Non è fantastico!

Il silenzio è d'oro la musica è ... ?

Il silenzio, per fortuna, non è d'oro, tranne se lo interrompi affinché irrompa la musica nella tua vita. La musica è suono nel tempo, è qualcosa che abbiamo dentro e che ci appartiene: basta esserne educati. Per questo la scuola dovrebbe offrire questo diritto a tutti. Come hai intuito anche per me, l'imperativo "la musica è un diritto" è sacro. Per questa ragione anche durante la guerra nell'ex-Jugoslavia non mi sono voluto sottrarre agli impegni che mi ero assunto con gli studenti slavi. Insegnare a Dubrovnik, durante la guerra, quando nel '93 erano pochissimi i musicisti disposti ad insegnare in quella terra così martoriata fu un'esperienza unica. Stava per saltare un importantissimo Festival musicale per mancanza di musicisti disposti a suonare. Mi venne chiesto di partecipare e di tenere un corso di perfezionamento per gli studenti. Trovai lì dei ragazzi meravigliosi, che avevano voglia solo di fare musica. Fondamentalmente volevano vivere e la musica rappresentava per loro una ragionevole forza di resistenza. Fu così che accettai l'invito e con mia moglie e un altro collega ci mettemmo in viaggio per i Balcani. Durante il percorso per raggiungere la città di Dubrovnik incontrammo diversi blocchi militari che intimavano l'alt e ripetevano: "Lo sapete che è in corso una guerra e che a pochi km da qui si stanno ammazzando? Pensavo: se ci sono degli studenti che mi aspettano io vado! Mi hanno permesso di proseguire.

Rostropovich suonava a Berlino durante la caduta del Muro... se oggi dovessero cadere altri muri chi vorresti veder suonare?

Oggi, per fortuna, abbiamo una figura altrettanto straordinaria: è quella di *Daniel Barenboim*. Il maestro ha fondato e dirige l'orchestra *West-Eastern Divan* che è costituita da giovani musicisti arabo e israeliani: per questi ragazzi la musica è la migliore opportunità che viene offerta per poter ritornare a dialogare e confrontarsi al di là delle frontiere etniche, religiose e nazionali. L'orchestra voluta da Barenboim potrebbe suonare alla caduta delle "mura" dentro e fuori di Israele. Questo sarebbe il fine più significativo che ci mostra ciò che è e ha in sé la musica.

Virginio, visto che sei anche un raffinato intenditore di vini non possiamo farci mancare, come si dice a Verona, l'ultimo "cicchetto". Davanti ad un pregiato Recioto, parte di un repertorio pregiato di-vino, si conclude così questa intervista. Sono ormai passate le due di notte... e devo dire che purtroppo il tempo in compagnia vola in fretta, sempre troppo in fretta quando si è, in particolare, con dei preziosi e ottimi amici. ■

Riccardo Scorza

LA MUSICA E L'*ASCOLTO* OLTRE IL SUONO

Il proposito di analizzare, nel suo complesso, il concetto di "ascolto" ed il valore delle sue molteplici funzionalità, implica la necessità di esaminare, in primo luogo, la forma di espressione artistica che ne rafforza al sommo grado l'imprescindibilità.

La musica è un catalizzatore delle potenzialità comunicative dell'uomo. E come tale, non può prescindere da una completa e profonda "sintonizzazione" emotiva di coloro i quali aspirano a recepirne i polivalenti messaggi. Se "il musicista cava l'essenza dell'arte da se stesso" poiché egli "ode dal di dentro" (Novalis), è compito, viceversa, di chi ascolta dall'esterno, interpretare secondo un particolare codice comunicativo, il valore della creazione. Tale processo di "codificazione" si configura dunque come una forma di mediazione tra artista e pubblico.

Nel corso della storia, l'evoluzione della musica si è realizzata attraverso una progressiva moltiplicazione e diversificazione di generi musicali, caratterizzati da finalità e mezzi comunicativi differenti. Ciascuno di essi, secondo le proprie peculiarità, si rispecchia in uno specifico codice di comunicazione, che spesso esaurisce la propria applicabilità pratica nell'età in cui quel tipo di musica è contestualizzata, in quanto strettamente correlato alle relative coordinate storico-culturali.

Sarebbe anacronistico, ad esempio, tentare di attualizzare la tradizionale finalità *paideutica* della musica in età classica; nondimeno un duetto di lira e cetra senz'altro apparirebbe oggigiorno assai antiquato, oppure, se apprezzato, non sarebbe certo interpretato dagli ascoltatori secondo lo

stesso codice comunicativo di due millenni fa. Allo stesso modo, un'opera di Wagner non susciterebbe nei giovani Europei del XXI secolo le stesse suggestioni che aveva alimentato nei poeti decadenti.

Due generi musicali possono inoltre collocarsi nel medesimo contesto storico, ma procedere parallelamente in quanto ancorati a tradizioni culturali differenti, e dunque estranei l'uno all'altro, sia nel messaggio trasmesso che nelle modalità espressive utilizzate. Il panorama musicale estremamente diversificato del XXI secolo offre innumerevoli dimostrazioni di generi musicali coevi, eppure assolutamente irriducibili alla stessa matrice. Nulla accomuna ad esempio *Rock* ed *House*, salvo il fatto di essere ambedue un prodotto di creatività artistica proposto ed apprezzato nello stesso periodo. Un assolo di chitarra di Jimi Hendrix ha senz'altro un valore creativo superiore ad un tema melodico ritmato in 4/4 della musica elettronica, tuttavia entrambi, attraverso codici di comunicazione differenti, sviluppano quelle vibrazioni dell'anima che costituiscono l'essenza stessa della musica.

Tutti i generi musicali non sono che le piccole, irregolari sfaccettature che compongono un diamante. Lo spirito della musica è aldilà di ogni suddivisione. È pura energia, puro impatto, e si manifesta anche in forme di espressione incomprensibili ai più. Apparentemente, non vi è nulla musicale in un urlo rabbioso di James Hetfield, all'interno di un pezzo dei "Metallica": quanto meno nulla che possa apparire costruttivo e sensato a coloro i quali non siano appassionati del genere. Per costoro quell'urlo è sgraziato al punto da risultare *inascoltabile.* Tuttavia, sarebbe sufficiente una minima conoscenza della storia del *metal* per comprendere come tutte le peculiarità del genere, dal *songwriting* spesso licenzioso alle distorsioni elettriche del suono, siano semplicemente l'applicazione, forzata e talvolta condotta all'eccesso, di tecniche che avevano già connotato la musica *rock* delle generazioni ribelli degli anni cinquanta e sessanta. Alle orecchie dei fan dei "Metallica", e degli appassionati di *metal* in generale, l'urlo di Hetfield risulta senz'altro *ascoltabile*, in quanto denso di carica espressiva, recepibile secondo lo specifico codice comunicativo del genere.

Allo stesso modo, le suggestioni fiabesche ed oniriche espresse dai testi della *band progressive metal* "*Blind Guardian*", al pari del loro teutonico impatto sonoro, difficilmente potrebbero essere apprezzate da ascoltatori più "classici". Tuttavia, gli appassionati di "prog", un sottogenere d'*élite* nel panorama storico della musica *metal*, sarebbero perfettamente in grado di analizzare il processo mediante il quale queste *band*, spesso di origine tedesca, abbiano evoluto il loro *sound*, introducendo nei brani atmosfere oscure, talora indecifrabili, grazie soprattutto al sapiente utilizzo di sintetizzatori elettrici, alternate ad incalzanti assalti sonori condotti mediante rapidi *patterns* (accompagnamenti) di batteria e taglienti *riff* (giri) di basso e chitarra.

Un metallaro *doc*, dal canto suo, non è solitamente propenso all'apprezzamento della monotonia ritmica e melodica dell'*house*, un genere che si avvale di un organico strumentale completamente diverso, privo della creatività genuina delle chitarre, e con una batteria che si riduce a cassa e "*snare*" (tamburo). Tuttavia, molti pezzi *house* non di rado sfiorano o raggiungono la vetta delle classifiche di gradimento e di vendita. La stessa semplicità ed orecchiabilità sono garanti del successo del genere, soprattutto fra i giovani, che ricercano lo spirito della musica nella dinamicità del ballo, nelle luci a intermittenza delle discoteche o nel frastuono di suoni elettrici, piuttosto che in una rullata di batteria, in un acuto o in un giro di basso.

Nessuno può stabilire quale genere musicale sia "ascoltabile", quale non lo sia affatto, o se ne esista uno che lo sia più degli altri. La musica si esprime in infinite forme, ciascuna delle quali manifesta il suo valore intrinseco suscitando, attraverso l'ascolto, emozioni uniche nel loro genere. L'essenza della musica si concretizza proprio in questa capacità, che prescinde dai mezzi comunicativi dei quali si serve e travalica i confini degli stili e delle classificazioni. ■

Adriano Fabris | Immagine tratta da http://www.laversilianafestival.it

Adriano Fabris

Aporie dell'etica della comunicazione

0. Le questioni di fondo.

In questo scritto[1] voglio mettere in luce, discutere, approfondire alcune difficoltà, alcune *aporie*, nelle quali s'imbatte il tentativo di elaborare un'*etica della comunicazione*. Il problema di un'etica della comunicazione – il fatto cioè che, nei confronti dei processi comunicativi, emerge sempre più decisamente, oggi, un'istanza etica alla quale è opportuno dare soddisfazione *da un punto di vista filosofico* – risulta infatti la questione che desidero specificamente affrontare. Ma per farlo in maniera adeguata è necessario, almeno, porre in via preventiva tre domande e tentare seppur in breve di dare a esse risposta.

Queste domande preliminari sono: 1. *Perché*, rispetto all'ambito della comunicazione, s'impone oggi, come s'è detto, una peculiare esigenza di riflettere non solo sulle condizioni, ma soprattutto sui principî che possono orientare l'agire comunicativo? E poi: 2. A *quali modelli* di etica, fra quelli elaborati nella storia del pensiero, può essere fatto riferimento per rispondere adeguatamente a tale esigenza? Infine: 3. Fra questi modelli quale può risultare più adeguato nell'attuale contesto d'interazione comunicativa? In altre parole: come può essere delineata, *che cos'è*, *oggi*, un'etica della comunicazione[2]?

Proprio tentando di rispondere a tali questioni verranno ad emergere le particolari *aporie* a cui ho accennato. E tali aporie potranno dunque essere affrontate: contribuendo nel far ciò a identificare una soluzione non ingenua riguardo ai dilemmi etici che le nostre pratiche comunicative costantemente propongono a noi come esseri parlanti. Iniziamo dunque con il delineare una risposta – sia pure breve e schematica – alla nostra prima questione.

1. Perché un'etica della comunicazione?

A prima vista una risposta a questa domanda – la domanda sul perché sia necessario sottoporre i processi comunicativi anche a un vaglio etico – sembra del tutto scontata. Si potrebbe infatti dire: perché tali processi, nelle differenti loro articolazioni, si mostrano di solito refrattari a indicazioni o a dettami di questo tipo. Specialmente oggi. Oggi, infatti, una tale disattenzione per regole e principî sembra per lo più dominare l'ambito comunicativo, all'interno di un contesto generale che registra, nonostante il riproporsi di vari codici di autoregolamentazione, uno scarso rispetto per l'ascoltatore (considerato poco più che un bersaglio da colpire), un'insufficiente considerazione per le specifiche esigenze delle differenti fasce di utenti (tutti ritenuti «carne», o meglio «occhi», da pubblicità) e un vero e proprio abuso (spesso in un senso strumentalmente ideologico) dei mezzi d'informazione. Emerge dunque, come reazione, un "bisogno" di etica che si esprime, per lo più, in considerazioni di tono apocalittico o nella proposta, dettata da una lodevole buona volontà, di sempre nuovi organi di controllo.

A ben vedere, però, questa risposta – la mancanza di una sensibilità morale nell'attuale panorama dei *media* è ciò che suscita l'esigenza di un'etica della comunicazione – non risulta pienamente soddisfacente. Essa rischia infatti di supportare un moralismo spicciolo: con il quale in maniera velleitaria, e dunque inefficace, si pretenderebbe di contrapporsi a una tendenza che va ben oltre ciò che il singolo essere umano può volere o rifiutare. Di più: una tale risposta presuppone in realtà una concezione ben determinata dell'etica. E non è affatto detto che essa sia proprio quella a partire da cui i vari processi comunicativi debbono regolarsi.

Si delinea allora un primo compito: quello di portare allo scoperto questo presupposto, di criticarlo e poi, soprattutto, di mostrare *non solo* che nell'interazione comunicativa è necessario far riferimento a principî di carattere morale, *ma soprattutto* che bisogna regolarsi secondo principî *di un certo tipo*, i quali risultano *validi in generale*. Proprio questo, infatti, è il compito dell'etica della comunicazione. Giacché non si può immediatamente assumere che i comportamenti a cui facevo riferimento, e che possono suscitare giustificate reazioni, siano poi da considerare letteralmente «immorali». Certo possono esser definiti tali, come ho detto, all'interno di una concezione adeguatamente fondata dell'etica, come ad esempio quella esposta in un'etica della relazione. Ma anch'essi, in verità, ubbidiscono a particolari principî di comportamento: quelli volti al conseguimento dell'utile di una parte o allo sviluppo di una maggiore efficienza dell'intero sistema. Si tratta dunque di principî che vanno esplicitati e discussi. Allo scopo di mostrare, appunto, che essi *non sono affatto preferibili* se si vogliono regolamentare i processi comunicativi.

Vedremo più avanti il perché. Ma ora va evidenziato *un altro elemento* che spinge a non accontentarsi della situazione di fatto per quanto riguarda l'attuale contesto comunicativo: un elemento che c'induce a mettere in discussione proprio quei principî di comportamento (di mera utilità, di efficienza a ogni costo) ai quali implicitamente si rifanno molti processi comunicativi. Si tratta della consapevolezza, sempre più emergente, che tali principî non sono in realtà scelti da nessuno, ma che piuttosto vengono *subiti*, sia dagli operatori che dagli utenti. Essi cioè risultano interni a una «logica» che finisce, di fatto, per autoalimentare tali processi e che è caratterizzata dall'intreccio di un certo paradigma di comunicazione (quello che concepisce la comunicazione semplicemente come la trasmissione di un messaggio da un emittente a un ricevente: un modello sul quale più avanti ritornerò) con uno specifico modello economico e di consumo (quello che contraddistingue in generale l'Occidente capitalistico). Ne risulta l'autonomizzarsi, ormai in fase di compiuta realizzazione, dei processi comunicativi rispetto a quegli stessi soggetti che li dovrebbero produrre e che ne risulterebbero, dunque, responsabili[3].

La condizione non solo in cui si trovano ad agire gli operatori della comunicazione, ma anche nella quale noi stessi quotidianamente viviamo – anche come semplici fruitori, e in generale come esseri che comunicano – sembra dunque essere una condizione di irresponsabilità. Questo è ciò che oggi, soprattutto, provoca un disagio diffuso: la consapevolezza che, per i motivi che abbiamo indicato, anche facendo comunicazione rischiamo di non essere più soggetti morali. Questo, più precisamente, è ciò che c'impedisce di adeguarci ai principî di comportamento che sono impliciti nei meccanismi della comunicazione, così come ci si presentano nel contesto attuale, e che risultano veicolati da essa. Questo, insomma, è anche ciò che spinge sempre più decisamente a elaborare una vera e propria etica della comunicazione.

2. *Quali etiche di fronte alla comunicazione?*

Ma quale modello di etica – fra quelli discussi nella storia del pensiero e tuttora fecondi all'interno della riflessione contemporanea – può essere fatto valere per i nostri scopi? Sono quattro, soprattutto, le strategie morali alle quali ci si è riferiti per venire incontro alle istanze etiche provenienti dalla pratica comunicativa. Esse sono: [*a*] Quella che si rivolge a determinate strutture e a caratteristiche particolari inerenti alla «natura» dell'essere umano; [*b*] Quella che rilancia la prospettiva di un pensiero «interattivo», dialogico, come via che consente il raggiungimento di un'intesa; [*c*] Quella, più duttile, che mette l'accento sulle situazioni concrete, sul contesto in cui l'essere umano, di volta in volta, si trova ad operare, e a partire da qui definisce i criteri di un determinato agire; [*d*] Quella infine che ha come sfondo ultimo, in modo esplicito, un utilitarismo variamente declinato[4]. Proviamo a considerarle brevemente, mettendo soprattutto in evidenza le difficoltà che ciascuna di queste strategie può incontrare.

[*a*] Secondo *la prospettiva che fa riferimento a una «natura» o a un'«essenza» dell'essere umano*, capace di individuare appunto ciò che propriamente contraddistingue l'essere che noi siamo, risulta lecito tutto ciò che corrisponde o promuove questa «umanità» (nel senso kantiano della *Menschheit*), mentre è immorale quel che rende l'uomo diverso da una tale sua essenza. Un simile criterio vale, in generale, anche nel caso dei processi comunicativi, e permette di discernere in quest'ambito ciò che è moralmente valido da ciò che non lo è. A tal proposito, tuttavia, va subito ricordato che è stata proprio la capacità di linguaggio, l'uso consapevole della parola, a venir considerata molto presto, dalla tradizione filosofica, come la struttura costitutiva dell'essere uomo dell'uomo: a partire almeno dalla ben nota definizione aristotelica dell'essere umano come *zoon logon echon*, «animale dotato di parola». Ecco dunque che le differenti modalità del comunicare non solo possono essere giudicate a partire da una particolare idea dell'umano, ma questa stessa idea risulta fin dall'inizio influenzata da una specifica concezione del parlare. E gli usi «innaturali», e dunque illeciti, della comunicazione sono tali appunto

perché risultano in contrasto con questa specifica concezione, previamente assunta, del comunicare.

È dunque a partire da qui che emerge subito una peculiare difficoltà. Difficoltà che non è solamente dovuta al fatto che vari possono essere – e in effetti lo sono stati – i modi in cui la «natura» umana è stata storicamente definita: e che dunque differenti sembrano essere i criteri morali ad essa relativi. Soprattutto, invece, ciò che risulta ancora poco chiaro in questo modello di etica della comunicazione è il rapporto che s'instaura fra la «natura», cioè l'essenza, e la «vocazione comunicativa» dell'essere umano. Non è chiaro, più precisamente, se una tale vocazione sia caratteristica conseguente di una tale «natura» eternamente fissata, oppure s'identifichi con essa, in tal modo però rendendola fluida, dinamica, e sottoponendola alla aleatorietà del voler e del poter comunicare. È necessario allora sciogliere quest'ambiguità. Ma, se si tenta di farlo, ecco subito annunciarsi *la prima fra le aporie* che intendo prendere in considerazione.

Infatti, se si assume appunto questa prima tesi, ne segue la già menzionata alternativa: o il comunicare è un «predicato», sia pure costitutivo, di un'essenza stabilita una volta per tutte, oppure coincide con essa, vale a dire è il modo in cui questa stessa «essenza» viene a manifestarsi. Ma, nel primo caso, non solo si rischia di tornare su posizioni filosofiche antecedenti alla «svolta comunicativa», assumendo come accessorio ciò che nel Novecento si è imposto invece come costitutivo dell'essere umano. Ma soprattutto, fissando il comunicare come essenza dell'uomo, si rischia di considerare nei termini di un *fatto* ciò che, piuttosto, risulta come una *possibilità*: qualcosa di mai scontato e che piuttosto si realizza nell'atto stesso della sua messa alla prova.

Nel secondo caso poi, facendo cioè coincidere la comunicazione con l'«essenza» stessa dell'uomo, si finisce per dissolvere l'idea stessa di un'essenza come ciò che fissa e individua il carattere più proprio di qualcosa. Giacché, di nuovo, il comunicare si presenta come una possibilità, e non come un dato. Certo: una possibilità che si può realizzare in vari modi oppure no. Ma che, se si realizza, lo fa propriamente attraverso l'interazione. Cioè in un rapporto che travalica l'essere umano stesso, che va oltre la definizione della sua singola «essenza», per investire i legami che lo possono unire a uno o più interlocutori. Se dunque si accettano le conseguenze di questa seconda opzione, ci si trova rinviati a un altro modello di etica della comunicazione: il modello dialogico[5].

[*b*] Giacché appunto, come abbiamo visto, il *secondo paradigma* di etica della comunicazione che emerge nella storia del pensiero è il paradigma *dialogico*. Con 'dialogo', qui, s'intende l'interazione comunicativa che mira a creare un effettivo spazio comune fra gli interlocutori: un atto creativo che non si limita ad essere scambio di informazioni, ma che è in grado di coinvolgere i parlanti, progressivamente, in una dimensione nella quale può realizzarsi una vera e propria intesa. D'altronde, affinché possa riuscire davvero, il dialogo presuppone il riconoscimento previo, da parte di ciascun interlocutore, delle «buone ragioni» dell'altro, e la conseguente disponibilità a ritornare in corso d'opera sulle proprie posizioni iniziali. Non è vero dialogo, infatti, quello che vede i parlanti muovere dalla convinzione che le proprie idee, nel confronto con quelle altrui, necessariamente verranno riconfermate[6]. Ecco perché, nell'interazione dialogica, vi è sempre un rischio: quello insito nella necessità, che il dialogo vero implica, di esporsi, senza calcoli preliminari, alle parole dell'altro. Altrimenti si ha

Fragments of a love speech | F L I R S T - Palk Clap | CC BY 2.0 | www.flickr.com

solo una finzione, più o meno ammantata di cortesia[7].

Già da questa breve analisi emergono, insiti nella struttura stessa del dialogo, alcuni particolari principî di comportamento: l'attenzione e il rispetto per l'interlocutore, l'ascolto delle sue ragioni, la costruttiva intenzione di addivenire a un accordo con lui. E soprattutto s'annuncia, a partire da qui, una ben precisa concezione del linguaggio: l'idea che il linguaggio non è solamente lo strumento che consente di trasmettere informazioni, ma risulta piuttosto il luogo di una possibile compartecipazione, di una «messa in comune» di esperienze e di vissuti, la quale trasforma, coinvolgendoli, gli stessi interlocutori. Detto altrimenti, il linguaggio appare da questo punto di vista non già come un *mezzo*, bensì come un *medio*[8].

Anche qui, tuttavia, emergono ben presto difficoltà e aporie. Ciò, infatti, che all'interno di questo paradigma dialogico di etica della comunicazione risulta giustificato in maniera ancora inadeguata è il motivo – o meglio la motivazione – per cui, nell'interazione comunicativa, si debba optare per un modello dialogico. *Perché*, in altre parole, io debbo dialogare, invece che agire in altro modo, magari non mostrando alcun rispetto per l'autonomia e la dignità dei miei possibili interlocutori? Perché non posso rapportarmi ad essi mirando a imporre loro, con o senza l'uso di strumenti comunicativi, le mie convinzioni?

Il problema, come si vede, è quello di giustificare l'opzione dialogica, onde evitare che il ricorso al dialogo sia dettato solamente, come purtroppo fin troppo spesso capita, dal ricorso ai buoni sentimenti. Più precisamente, poi, una tale giustificazione non dovrebbe assumere i caratteri del mero esplicare, del semplice spiegare. Dovrebbe piuttosto mostrare il *senso* in virtù del quale il modello dialogico s'impone, la sua reale capacità di coinvolgimento in una prassi di riconoscimento e di non violenza.

Purtroppo invece i teorici del dialogo – fra tutti in primo luogo Martin Buber – muovono dal presupposto, peraltro non giustificato adeguatamente, di una «essenza» dialogica dell'uomo. Giacché per loro, appunto, la natura dell'essere umano sarebbe quella propria di un essere dialogico. E tale natura, qualora non emerga esplicitamente, deve venire recuperata con riferimento alla sfera della religione e mediante il ricorso agli strumenti dell'educazione[9].

Così, tuttavia, si offrirebbe al massimo una *spiegazione* del possibile primato del dialogo nelle relazioni interumane e del modello di comportamento che ad esso si ricollega. Il *senso* di questo atteggiamento non verrebbe affatto, con ciò, preso in esame. Né in tal modo si verrebbe a delineare una risposta efficace, e posta su di un livello differente rispetto a quello delle cause, dei motivi o dell'utilità, al problema del perché *in generale* – non dunque tenendo conto delle specifiche condizioni in cui si svolge l'interazione comunicativa – l'esercizio del dialogo dev'essere privilegiato.

Tutto ciò vale se vogliamo mettere in evidenza una serie di difficoltà che risultano diverse da quelle in precedenza segnalate. Se invece sottolineiamo di nuovo il fatto che nello stesso Buber la dialogicità – cioè una forma specifica di comunicazione – è considerata far parte della «natura» dell'uomo, viene cioè riportata all'«essenza» propria di questo essere, allora risulta evidente che, anche a proposito di tale paradigma, siamo ricondotti al primo modello di etica della comunicazione. Con tutte le aporie da cui esso, come abbiamo visto, è contraddistinto.

Invece, proprio in polemica con questi primi due tentativi di definire e di fondare un'etica della comunicazione, vengono ad essere elaborati *i due restanti modelli* che intendo qui brevemente presentare: il paradigma – possiamo chiamarlo – del «relativismo contestuale» e quello dell'utilitarismo.

[*c*] Le tesi del *relativismo contestuale* sono ben note. In questa prospettiva si sostiene che i principî in base ai quali si regolano i vari comportamenti umani mutano inevitabilmente da contesto a contesto, nella misura in cui tali principî debbono essere applicati, di volta in volta, a situazioni storicamente e culturalmente diverse. Essi risultano dunque suscettibili di adattamenti e di applicazioni che tengano conto dei vari ambiti in cui si svolge l'atto comunicativo. Di conseguenza, per esempio, ciò che conta quando si parla, e che diviene normativo ai fini dell'efficacia del mio discorso, è soprattutto l'attenzione alle circostanze: e dunque, in primo luogo, la considerazione dell'*audience* che il comunicatore si trova davanti, delle sue caratteristiche e aspettative.

Non è difficile immaginare ciò a cui conduce una tale concezione di privilegio dell'*audience*: a una vera e propria commistione fra ciò che viene comunicato e ciò che ci si attende venga comunicato; a quella stessa confusione di piani che si riscontra oggi, ad esempio, nell'utilizzo politico dei sondaggi. Ma alla base di questa confusione ce n'è un'altra, ancora più grave, che va esplicitata, giacché essa contraddistingue la stessa giustificazione teorica del relativismo contestuale. Non è la stessa cosa, infatti, sostenere, da un lato, la tesi che ogni atto comunicativo ha, fra i principî a cui deve conformarsi, anche quello di tenere conto delle circostanze in cui si svolge concretamente (e dunque pure dell'*audience*), e invece affermare, dall'altro lato, che ogni principio di comportamento, anche in ambito comunicativo, risulta relativo a un contesto ben determinato. Non si può, in altre parole, derivare dall'inevitabile applicazione di un principio morale a un particolare ambito d'azione la tesi dell'origine di questo stesso principio da una tale, specifica situazione. Ma questo è appunto ciò che fa, surrettiziamente, il relativismo contestuale. Nonostante i buoni diritti di cui questa posizione si fa effettivamente portavoce[10].

[*d*] Quanto infine all'*utilitarismo* – l'ultimo modello etico che intendo presentare – esso, applicato all'ambito dell'agire comunicativo, giustifica appunto quei comportamenti che hanno come conseguenza il raggiungimento di un «utile» variamente inteso: sia esso considerato da un punto di vista sociale oppure in una prospettiva individuale, sia esso concepito all'interno di una generale dimensione politica oppure in un'ottica particolare di gruppo. Si tratta dunque di un modello di etica «consequenzialista», attento cioè ai risultati che possono essere raggiunti e alle conseguenze che possono derivare dalle azioni intraprese.

Non posso qui diffondermi su di un tale paradigma, alquanto variegato nelle sue ramificazioni. Mi limito a segnalare il problema di fronte al quale anch'esso si trova ricondotto – e ciò si verifica in maniera fin troppo evidente nel caso dell'etica della comunicazione. Si tratta, di nuovo, del problema della sua giustificazione. Domandiamoci infatti, ancora una volta: *perché* bisogna agire secondo il principio dell'utile e non seguendo invece altri criteri di scelta (ad esempio quelli, certamente antieconomici e però ben rappresentati, di fatto, nei nostri rapporti con gli altri, a livello familiare e sociale, che sono dettati da un'oblatività senza calcoli o dal desiderio di donare)? *Perché* l'affermazione del proprio interesse appare così necessaria?

Per rispondere a tali domande l'indicazione può essere, una volta di più, il riferimento a una particolare idea di «natura» umana. Ben inteso: un riferimento non sempre esplicitato, e che addirittura non si ritiene necessario, per lo più, esplicitare, data l'«evidenza», nei comportamenti dell'essere umano, di ciò che esso assume. E tuttavia risulta necessario porre a tema una tale questione, se si vuole sostenere che la tesi dell'utilitarismo ha una validità universale. In ogni caso, comunque, con il riferimento implicito a una particolare concezione della «natura» umana siamo sostanzialmente ritornati ai problemi e alle difficoltà che sono propri del nostro primo modello di etica della comunicazione.

***

3. Che cos'è l'etica della comunicazione?

Da ogni paradigma che abbiamo preso in esame[11] emergono dunque specifiche indicazioni di comportamento riguardo al nostro agire comunicativo. Ma si delineano altresì difficoltà e aporie che debbono essere affrontate. Cerchiamo di farlo tentando di elaborare *in positivo* un modello adeguato di etica della comunicazione.

Iniziamo domandandoci *che cos'è*

Donne poggiate ad un pilastro vicino ad una piscina | F L I R S T - Palk. Olap | CC BY 2.0 | www.flickr.com

Mi piace osservare i comportamenti delle persone | F L I R S T - Palk Clap | CC BY 2.0 | www.flickr.com

oggi, di fatto, l'etica della comunicazione. Volendone dare una definizione operativa, l'etica della comunicazione si configura come una disciplina che rientra nell'ambito delle etiche speciali, al pari, ad esempio, della bioetica, dell'etica ambientale, dell'etica dei diritti, dell'etica del lavoro, dell'etica dell'economia. Essa ha avuto un importante e articolato sviluppo, anzitutto, nell'ambito dell'area culturale anglo-americana. Quanto al continente europeo, l'etica della comunicazione si è diffusa in Germania e in Francia più precocemente di quanto non sia avvenuto in Italia, sebbene non manchino oggi, pure nel nostro paese, studi importanti relativi a questa disciplina[12].

Nei vari contesti linguistici e culturali di riferimento, comunque, il rapporto fra etica e comunicazione è stato inteso in modi diversi, a prescindere dalle strategie morali effettivamente adottate. Possiamo schematicamente distinguere, ad esempio, [*a*] un approccio *deontologico* all'ambito comunicativo, [*b*] un'etica *della* comunicazione propriamente detta e [*c*] un'etica, invece, concepita essa stessa *come* comunicazione e considerata insita nei processi comunicativi: ricavabile cioè dalle condizioni che sono proprie di tali processi nel loro sviluppo. Esaminiamo brevemente queste tre impostazioni.

[*a*] La preoccupazione *deontologica*, anzitutto, è quella che immediatamente s'annuncia in una realtà sempre più dominata dai flussi d'informazione. In questa situazione emerge dunque con forza la necessità di regolamentare, in base a princìpî giuridici e morali ben definiti, il comportamento degli operatori della comunicazione e le condizioni in cui si possono venire a trovare, di volta in volta, i fruitori dei vari *media*. In relazione a ciò si è recentemente imposta tutta una casistica particolare, che è stata oggetto di riflessioni e di dibattiti, che ha prodotto una specifica letteratura e che ha portato, come già si diceva, alla redazione di codici ben precisi, chiamati a definire il quadro del lecito e dell'illecito in ambito comunicativo[13].

Com'è noto, alcuni di questi codici

sono stati elaborati, con qualche ritardo, anche in Italia[14], altri sono in corso di ripensamento e di elaborazione. In ogni caso, tuttavia questi codici sono in realtà poco conosciuti e ancor meno osservati, anche perché le sanzioni nei confronti di coloro che li trasgrediscono sono risultate finora inadeguate o addirittura del tutto inesistenti. Al di là del mero aspetto deontologico e della pur importante codificazione di specifiche regole emerge quindi un'esigenza di tipo diverso: un'istanza più decisamente etica, che richiede un orientamento nelle differenti scelte che i singoli operatori della comunicazione debbono compiere e mira a coinvolgerli in un comportamento guidato da valori consapevolmente assunti. Giacché l'errore di fondo della prospettiva deontologica è quello di pretendere di gestire problemi morali attraverso uno strumento giuridico: mediante, cioè, la semplice elaborazione di un codice.

[*b*] Si delinea dunque la necessità di elaborare un'etica *della* comunicazione in senso proprio: un'etica cioè che sia in grado di stabilire ciò che è giusto, valido, buono nelle varie pratiche comunicative e di indicare in che modo perseguirlo. Il discorso si sposta insomma da un'impostazione attenta, anche, alle questioni giuridiche e normative a una dimensione nella quale l'interesse risulta soprattutto di tipo filosofico: come risulta anche dai paradigmi che abbiamo in precedenza esaminato. Di fronte a tali elaborazioni filosofiche resta però – lo si è visto – il problema di chiarire *quale sia* la concezione più adeguata, quella cioè in grado di orientare davvero, e nel modo migliore, il nostro comportamento. Un tale problema rinvia, secondo tradizione, alle tematiche esplicitamente affrontate nell'ambito dell'etica generale. Si ripropone dunque la necessità di fondare l'etica della comunicazione sopra una dottrina dei principî morali più ampia e comprensiva.

Ma anche questo non è sufficiente. Giacché – come risulta dalla trattazione delle problematiche morali che è propria della tradizione ebraico-cristiana – il fatto di conoscere la validità di un principio di comportamento non implica la nostra effettiva adesione ad esso. Vi è in altre parole uno iato tra sapere e volere, che non può più essere colmato, nella realtà secolarizzata in cui ci troviamo a vivere, dal semplice richiamo a un'obbligatorietà senza condizioni, sancita da un punto di vista religioso. Emerge dunque, con sempre maggiore forza quanto più le risposte risultano non immediate, la domanda relativa al *perché* si debba, propriamente, seguire dei *principî* morali di un certo tipo: in generale, certo, ma anche nell'ambito specifico dell'interazione comunicativa. Si delinea la questione, decisiva, del *coinvolgimento* morale. E del *senso* che debbono avere per noi i principî in base ai quali agiamo.

[*c*] La risposta a una tale domanda difficilmente la possiamo ricavare da un'idea fissa e definita una volta per tutte di «natura» umana, per i motivi che abbiamo visto. Invece essa può venire, almeno inizialmente, proprio da un approfondimento dei caratteri di fondo che sono propri del linguaggio e della comunicazione, intesi ambedue come ciò che, certamente, l'essere umano è in grado di realizzare nella maniera più piena. Se è vero – come ha sostenuto ad esempio Karl-Otto Apel, al quale mi richiamo in questa serie di passaggi del mio discorso – che vi è una normatività morale insita nello stesso uso del linguaggio, nel fatto cioè che tutti, come parlanti, facciamo parte della «comunità illimitata della comunicazione» e mettiamo in opera i principî che sono insiti in essa, allora proprio movendo da qui, cioè da un particolare carattere del linguaggio (che certamente va prescelto e valorizzato), possono essere fatte emergere le condizioni di un'etica universalmente valida, che rimanda alla responsabilità propria di ciascun parlante e la pone costantemente in gioco. S'annuncia in tal modo, più che un'etica *della* comunicazione, la prospettiva di un'etica intesa essa stessa *come* comunicazione, un'etica che nella comunicazione stessa inabita: o, più precisamente, si dischiude la dimensione di un ambito comunicativo che contiene in sé un particolare «supplemento» morale. E proprio su questo terreno – a partire cioè dal fatto che nel mio stesso parlare sono inscritte, per dir così, ben precise indicazioni di comportamento – può essere affrontato anche il problema del coinvolgimento morale a cui poc'anzi accennavo.

Soffermiamoci a discutere brevemente le tesi apeliane, che peraltro sono state oggetto di un serrato dibattito anche in Italia[15]. Quella di Apel, a ben vedere, risulta un'originale sintesi delle prospettive di Kant e di Peirce[16]. Apel, lo ripeto, avanza l'idea che negli stessi processi comunicativi sono già insite e performativamente attuate le condizioni di un determinato comportamento morale, valido universalmente e capace di coinvolgere tutti gli uomini in quanto parlanti. Ma nel giustificare questa sua posizione egli cade in alcune difficoltà e sperimenta a sua volta specifiche aporie. Non si tratta in primo luogo, diciamolo subito, della problematica applicabilità del suo principio dell'«illimitata comunità della comunicazione» ai vari contesti concreti nei quali esso non sembra, di fatto, trovare spazio. Non è il passaggio dalla «Parte A» alla «Parte B» dell'etica apeliana del discorso a risultare disagevole, come invece ritiene Enrique Dussel[17]. Si tratta piuttosto di *un'ambiguità* e di *un'aporia* che risultano più gravi e che assumono una ben precisa configurazione.

Giacché, anzitutto, l'ambiguità riguarda l'effettivo carattere normativo del presupposto della «comunità illimitata della comunicazione». Apel oscilla, a ben vedere, tra la tesi per cui le norme morali insite nelle dinamiche di questa comunità[18] sono immediatamente riconosciute e applicate (sulla scia dell'immediata obbligatorietà che contraddistingue l'imperativo morale kantiano come *Faktum der Vernunft*) e la tesi per cui il passaggio dai principî alla loro applicazione viene mediato da una scelta[19]. Nel primo caso, c'è non solo il rischio di non rispettare la «grande divisione» tra «essere» e «dover essere», ma di eliminare – con il venir meno della capacità di scelta *per* i principî, che appunto risulterebbero automaticamente messi in opera – ogni spazio di responsabilità morale. Nel secondo caso rimane invece senza risposta la domanda relativa al *perché* questi principî debbano davvero essere applicati[20].

In effetti l'ambiguità segnalata rimanda a una più decisiva aporia di fondo. L'aporia dipende, ancora una volta, dalla comprensione dei principî morali in termini di dati di fatto, capaci per questo solo motivo d'imporsi alla coscienza dell'essere umano. Così, tuttavia, si finisce per rinunciare alla possibilità che tali principî siano capaci davvero di coinvolgere, siano propriamente fonte di senso. Giacché, in quanto dati di fatto, essi risultano propriamente insensati. S'annuncia dunque, in generale, l'aporia per cui ciò che è insensato, o che come tale si presenta, dovrebbe essere in grado di motivare un'azione che si colloca all'interno di un orizzonte di senso . Ma se ciò non avviene – come attesta la nostra stessa esperienza quotidiana – le norme morali non esercitano più la loro funzione. E dunque, riconosciute inutili, possono tranquillamente essere lasciate da parte.

4. Lineamenti di un'etica (non aporetica) della comunicazione

Bisogna dunque trovare altre strade, anche quando ogni percorso sem-

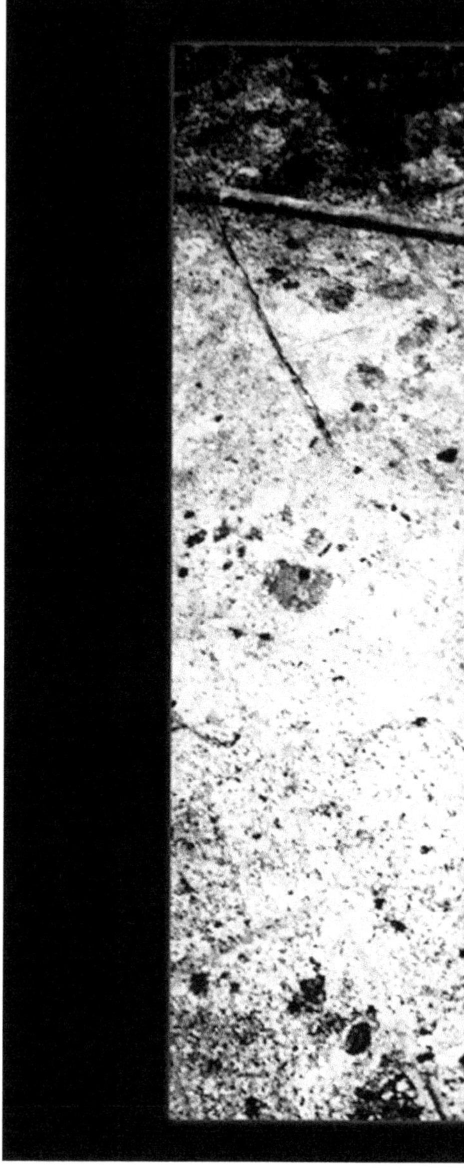

bra sbarrato. Bisogna individuare una via d'uscita, anche quando ogni risorsa sembra venuta meno. Dobbiamo iniziare da capo. Dobbiamo ricominciare dal concetto stesso di 'comunicazione'.

È indubbio che oggi, di solito, la comunicazione è intesa secondo una particolare accezione del modello semiotico: quello che vede nell'atto del comunicare la trasmissione di un messaggio (o di un'informazione) da un emittente a un ricevente. Sempre più, inoltre, questo modello è sottoposto al vaglio dei principî dell'efficienza e dell'efficacia. Come mostrano i linguaggi pubblicitari, ma anche le

Senza titolo | F L I R S T - Palk Clap | CC BY 2.0 | www.flickr.com

recenti trasformazioni della comunicazione politica, l'emittente dev'essere capace di ottenere nel modo migliore il risultato prefisso e il ricevente viene concepito nei termini di un *target*, di un «bersaglio» da colpire. Con tutta la violenza che è insita in quella che, purtroppo, rischia di non essere semplicemente una metafora. Dal canto suo, infine, il linguaggio risulta di nuovo, in tale prospettiva, semplicemente un mezzo: lo strumento, cioè, che consente di compiere questa operazione efficace.

Ben sappiamo però, ugualmente, che lo stesso modello semiotico non può essere inteso solo in questa rozza maniera. E, soprattutto, che riferendoci a un tale modello non siamo affatto in grado di comprendere tutte le possibili esperienze di comunicazione. A cominciare da quella, ad esempio, che si realizza in ambito religioso: la quale non può certo essere ridotta a un semplice interscambio di informazioni tra un emittente e un ricevente.

Bisogna allora indicare un ulteriore modello comunicativo che sia più vicino alla nostra esperienza, complessivamente intesa, e che implichi un effettivo atteggiamento etico. Questo modello, in verità, lo possiamo individuare riflettendo sul fatto che il termine 'comunicazione', allo stesso modo dei corrispettivi in altre lingue europee, rimanda al vocabolo latino *communicatio*, il quale a sua volta rinvia all'aggettivo *communis* e richiama soprattutto, quanto a una sua possibile radice etimologica, l'esperienza del dono (*munus*). In quest'ottica il comunicare si configura allora come l'apertura di uno spazio comune, pubblico, fra gli interlocutori, i quali sono chiamati a parteciparvi in quanto soggetti parlanti. In una tale dimensione comune la parola non è qualcosa che semplicemente si trasmette, ma è il luogo in cui si realizza un'intesa, mai scontata, e tuttavia sempre possibile. E questa intesa – che si compie a partire dalla buona volontà dei parlanti, ma che risulta anche un sovrappiù rispetto ad essa – è il vero dono che viene fatto dal linguaggio a coloro che lo parlano.

Ebbene: da qui, da questa concezione del 'comunicare', possiamo muovere per ridefinire le condizioni di un'etica della comunicazione capace di governare le aporie che in precedenza abbiamo fatto emergere. È del tutto evidente, infatti, la portata etica dell'idea originaria di comunicazione: quella che intende l'atto del comunicare come la creazione di uno spazio comune, condiviso, della cui istituzione e del cui mantenimento gli interlocutori sono responsabili. Ed è altresì evidente, movendo da una tale concezione della parola come medio e organo di una compartecipazione fra gli uomini, la prospettiva di relazione e di coinvolgimento che la parola stessa rende possibile. Tutto ciò, certo, si è già annunciato nel modello dialogico di etica della comunicazione e nella concezione apeliana di un'etica comunicativa. Bisogna però approfondire radicalmente queste posizioni, per evitare le difficoltà che, a proposito di esse, abbiamo evidenziato.

Lo si deve fare anzitutto nella direzione di una particolare idea di *linguaggio*, che è in grado di far comprendere in che modo una tale relazione di coinvolgimento può effettivamente realizzarsi. Infatti il linguaggio, potremmo dire, è insieme *organo e ostacolo* della comunicazione. Esso è ciò che consente l'intesa e, *ipso facto*, ciò che la impedisce, rendendo possibile il fraintendimento.

Se dunque si assume il punto di vista di una lingua che è nel contempo luogo della compartecipazione comunicativa fra gli uomini e filtro capace di interporsi fra i parlanti (nonché fra i parlanti e le cose), in tal modo mantenendo le distanze fra essi, si capisce perché il legame che la parola instaura, con il suo potere di coinvolgimento, non risulta mai qualcosa di scontato. Ma si comprende altresì l'impossibilità, in definitiva, che il discorso si configuri unicamente come un'occasione strumentale di controllo e di dominio, e che solo questo sia il senso della relazione che il linguaggio mette in opera. Invece, appunto in quella distanza rispetto al mondo e agli uomini, che la parola apre proprio mentre stabilisce un legame con essi, e di cui risulta dunque garanzia e salvaguardia, si trova inscritta la possibilità del rispetto per l'altro, dell'attenzione nei suoi confronti, della cura a lui rivolta. Giacché senza questo «altro» non si dà affatto discorso. E dunque, nella struttura stessa del linguaggio e nell'ambiguità dei modi della sua attuazione (in quanto, lo ripeto, esso è funzione di collegamento e filtro, occasione di separazione), è insita la possibilità che si compia davvero, eticamente, una *comunicazione come condivisione di uno spazio comune tra interlocutori diversi.* Infatti – non va dimenticato – condizione del condividere è che ciascuno, separatamente, possa portare del suo, e sia riconosciuto fin dall'inizio come colui che è in grado di farlo: come colui, ancora, che può essere aiutato e sollecitato a farlo. Nulla di più diverso, dunque, dall'idea di comunicazione come trasmissione d'informazioni e raggiungimento efficace di un *target*. Nulla di più diverso da una concezione dominata dall'utile.

In che modo allora, rifacendosi a questa concezione del comunicare, è possibile uscire dalle difficoltà e dalle aporie in cui ci siamo imbattuti? Rispondendo schematicamente possiamo affermare che:

[*a*] La fondazione di un'etica della comunicazione a partire dall'idea del comunicare come condivisione non fa riferimento a qualcosa di statico, di assoluto e di definitivo come la «natura» dell'uomo. Invece considera il comunicare come una *possibilità* umana, che si esplica dinamicamente in varie forme. Abbiamo qui a che fare, in altre parole, con una *dinamica*, non già con un dato di fatto.

[*b*] *Nessuna fattualità*, dunque, è caratteristica di questo modello di etica *come* comunicazione: al quale rinviano, va ribadito, sia la deontologia professionale, sia l'etica *della* comunicazione propriamente detta, e che dà giustificazione al paradigma dialogico, impedendo che esso venga considerato come una semplice esigenza o che abbia unicamente un fondamento religioso. E tanto meno abbiamo a che fare, in questo caso, con un dato di fatto *immediatamente applicato*. Che le cose non stanno così basterebbe a provarlo l'esperienza quotidiana. Non solo, invece, il comunicare risulta in generale una possibilità umana, ma lo stesso modello di comunicazione come condivisione è esso stesso una *possibilità*: che l'essere umano è chiamato a scegliere, fra altre modalità possibili di relazione verbale e non verbale, e che deve porre in opera. In tal modo, potremmo dire, egli *si accorda alla possibilità di accordo*: mira cioè a far coincidere un significato centrale del comunicare, che l'etimologia manifesta, con i risultati del proprio agire comunicativo. Così, per questa via, il «dover essere» serve a pareggiare, nel quadro di una scelta preliminare, il «divenire» che contraddistingue una pratica comunicativa – che può comunque essere regolata sulla base di altri principî di comportamento – con l'«essere» stesso del comunicare: con la sua opera, rivendicata come possibilità originaria, di creazione e di condivisione di uno spazio comune. La scelta che viene qui compiuta, insomma, è quella a favore di un linguaggio inteso come «ponte» contro un linguaggio concepito come «barriera».

[*c*] Se infine ci si domanda il *perché* di questa scelta, per rispondere non

sono sufficienti, come abbiamo visto, né l'indicazione di meri dati di fatto (neppure qualora essi s'impongano nella loro presunta evidenza), né le varie spiegazioni di tipo causale. Bisogna evidenziare, invece, la possibilità che qui emerge di un effettivo coinvolgimento, di un senso in atto. Tutto ciò può essere riscontrato – non già, ancora una volta, *deve*, ma *può* essere riscontrato – proprio nella dinamica del comunicare. Giacché il comunicare, come capacità di condivisione, procede proprio in questa maniera coinvolgente. Che è errato intendere solo nei suoi esiti strumentali, come avviene nel caso di una certa retorica. Il coinvolgimento, cioè la capacità di raccogliere il molteplice all'interno di una dimensione di senso che si scopre comune, è il potere della parola. In ciò emerge il significato più pieno del termine *logos*.

Si apre dunque, qui, la possibilità di un ulteriore «pareggiamento»: quello dell'etica, come ambito in cui i principî possono effettivamente coinvolgere, con il linguaggio, come luogo di un coinvolgimento in atto. A questa unificazione, anzi, siamo spinti dal potere coinvolgente del comunicare che anche qui ed ora si sta esercitando. E nel contempo poi si delinea – in relazione a questa specifica idea del senso e della capacità del senso di estendersi, coinvolgendo nella sua dinamica sempre nuovi interlocutori – la possibilità di reinterpretare il concetto stesso di 'universale'. Infatti non avremmo a che fare più, in questa prospettiva, con una *universalità* definita una volta per tutte e presupposta in ogni processo comunicativo – con il rischio che venga tolta la parola a chi non può conformarsi a un tale presupposto –, ma con una vera e propria *universalizzabilità* di quei principî che ciascun interlocutore porta con sé: disposto, in quanto interlocutore, a metterli in gioco, mettendoli in pratica, per metterli in comune con altri.

In conclusione, comunque, appare anche qui centrale, come in ogni indagine etica degna di questo nome, il riferimento alla *libertà* dell'essere umano, intesa come capacità di scelta in un determinato contesto. Si tratta di una libertà che comunque risulta sempre motivata: concretamente coinvolta, cioè, in una dimensione di senso. Si tratta di una libertà che media, come abbiamo visto, fra «essere» e «dover essere», fra il manifestarsi del senso e il suo effettivo accoglimento, fra ciò che ha pretesa di valere universalmente, nella misura in cui può essere condiviso da tutti gli esseri umani in quanto parlanti, e ciò che non può che essere di volta in volta assunto su di un piano particolare, in virtù di quella scelta che lo può concretamente attuare[22]. Accettando pur sempre il rischio di rigettare, liberamente, la stessa possibilità di una mediazione, la stessa prospettiva di un possibile legame[23]. ■

Note

1 Il presente testo è stato pubblicato per la prima volta, in una differente versione, sul «Giornale di metafisica», Nuova Serie – XXVI (2004), pp. 249-70.

2 Ho cercato di dare risposta a queste domande anche in altri miei contributi, ai quali rinvio per ulteriori approfondimenti. Mi riferisco in particolare a: *Etica della comunicazione interculturale*, Eupress, Lugano 2004; *Etica della comunicazione*, Carocci, Roma 2006; *La comunicazione. Tra internet e intercultura*, Paginette, Modena 2010; *Guida alle etiche della comunicazione* (a cura di), Edizioni ETS, Pisa 2011.

3 Un processo analogo contraddistingue la cosiddetta «globalizzazione», nei suoi molteplici aspetti. Compito dell'etica contemporanea, fra l'altro, è quello di ridefinire il concetto di 'responsabilità' di fronte a tali fenomeni e stabilire anzitutto i termini entro i quali un'azione può essere detta «libera». Si tratta di un tema approfondito oggi soprattutto nell'ambito delle cosiddette «etiche speciali».

4 Un'accurata disamina di questi differenti modelli di etica della comunicazione è condotta nei primi sei capitoli del libro di R.L. Johannesen, *Ethics in Human Communication*, Waveland Press, Prospect Heights, Illinois 1975, quarta edizione aggiornata e aumentata 1996.

5 Vedremo più avanti come le difficoltà connesse alla tesi che identifica il comunicare con l'essenza dell'uomo possono essere affrontate più adeguatamente all'interno di un più duttile modello di etica *come* comunicazione: non già partendo, in altri termini, da un'essenza dell'essere umano previamente stabilita, da cui sarebbero desumibili certi criteri di comportamento anche in ambito comunicativo, bensì ricavando questi criteri da una particolare idea di comunicazione, che comunque è propria dell'essere umano, che lo contraddistingue in quanto possibilità e per cui l'essere umano può comunque optare. Seguendo una tale impostazione si partirà dunque non già da un'idea di 'essere umano' nella quale questo essere viene concepito in una sorta di isolamento preliminare, e neppure da una concezione di 'intersoggettività' che sempre richiede di essere ulteriormente fondata, bensì dall'atto stesso del comunicare, e dalla possibilità di realizzare, in maniere differenti, ciò che potenzialmente caratterizza ogni persona in quanto parlante.

6 Come spesso accade per Socrate nei dialoghi platonici e come pure si verifica nella dialettica hegeliana: cioè, secondo l'interpretazione gadameriana, in quella variante del modello dialogico che in realtà si rivela, alla fine, unicamente un monologo.

7 Diversa è invece l'interattività resa possibile dalle nuove tecnologie, come accade nel caso di Internet. Altri, qui, sono i problemi etici che emergono. Se ne veda un inquadramento in Aa.Vv., *Etica del virtuale*, Vita & Pensiero, Milano 2007.

8 Su questo aspetto hanno soprattutto insistito, nel Novecento, alcuni pensatori di matrice ebraica: da Benjamin a Scholem, da Rosenzweig a Buber. Se ne veda un approfondimento nel mio libro *La scelta del dialogo. Breviario filosofico per comunicare meglio*, Edizioni Messaggero, Padova 2011.

9 Come emerge dai vari scritti ora raccolti nel volume *Il principio dialogico e altri saggi*, a cura di A. Poma, San Paolo, Cinisello Balsamo (MI) 1993.

10 E che sollecitano gli approfondimenti che sono propri della comunicazione e, più in generale, della mediazione interculturale. Cfr., a questo proposito, soprattutto i volumi di F.E. Jandt, *Intercultural Communication*, Sage Publication-Thousand Oaks, London-New Delhi 2001 e di J. Lull, Media, *Communication, Culture*, Polity Press, Cambridge 2000. Si veda poi F. Monceri, *Etica e comunicazione interculturale* in *Guida alle etiche della comunicazione*, cit.

11 Li riassumo: quello che si rivolge a determinate strutture e a caratteristiche particolari inerenti alla «natura» dell'essere umano; quello che rilancia la prospettiva di un pensiero «interattivo», dialogico, come via che consente il raggiungimento di un'intesa; quello, più duttile, che mette l'accento sulle situazioni concrete, sul contesto in cui l'essere umano, di volta in volta, si trova ad operare, e a partire da cui definisce i criteri di un determinato agire; quello infine che ha come sfondo ultimo, in modo esplicito, un utilitarismo variamente declinato.

12 Posso citare, solo per fare qualche esempio, le ricerche coordinate da Rüdiger Funiok von Uvk (Hrsg.: *Grundfragen der Kommunikationsethik*, UVK Verlag, Konstanz 1996), da Adrian Holderegger (Hrsg.: *Kommunikations- und Medienethik*, Herder, Freiburg i. B. 2004), nonché quelle del gruppo dell'ICIE, guidato da Rafael Capurro (e dedicato però soprattutto all'etica dei nuovi media) in ambito tedesco; quelle di Frederic Vajas (*Communication, Ethique, Institution*, Éditions Universitaires Européennes, Saarbrücken 2010) e di Dominique Wolton (ad esempio il recente *Informer n'est pas communiquer*, CNRS, Paris 2009) per l'ambito francese; per il contesto americano, invece, il recentissimo manuale di George Cheney, Steve May e Debashish Munshi (*The Handbook of Communication Ethics*, Routledge, New York 2011).

In Italia uno dei primi testi ad affrontare questo tema è stato il volume di Gianfranco Bettetini e Armando Fumagalli *Quel che resta dei media. Idee per un'etica della comunicazione*, Franco Angeli, Milano 1998, nuova edizione aggiornata 2010. Oggi si vedano sull'argomento, soprattutto, i seguenti libri: Antonio Marturano, *Etica dei media*, Angeli, Milano 2000; Daniele Massaro e Anselmo Grotti, *Il filo di Sofia. Etica, comunicazione e strategie conoscitive nell'epoca di internet*, Bollati Boringhieri, Milano 2000; Renato Stella, *Media ed etica. Regole e idee per le comunicazioni di massa*, Donzelli, Roma 2008; Rocco Ronchi, *Teoria critica della comunicazione*, Bruno Mondadori, Milano 2003; *Filosofia della comunicazione*, Bollati Boringhieri, Milano 2008; Giuliana Di Biase, *Comunicare bene. Per un'etica dell'attenzione*, Vita & Pensiero, Milano 2008; Franceso Bellino, *Per un'etica della comunicazione*, Bruno Mondadori, Milano 2010; Anselmo Grotti, *ComunIcare*, Ave, Roma 2011. In lingua italiana si vedano anche i testi di Enrico Morresi, *Etica della notizia. Fondazione e critica della morale giornalistica*, Casagrande, Bellinzona 2003; *L'onore della cronaca. Diritto all'informazione e rispetto delle persone*, Casagrande, Bellinzona 2008

13 Si vedano ad esempio due volumi alquanto indicativi del livello raggiunto all'interno del dibattito americano: E.M. Baird, W.E. Lodges, S.E. Rosenbaum, *The Media & Morality*, Prometheus Books, Amherst, NY 1999; L.A. Day, *Ethics in Media Communication. Cases and Controversies*, Wadsworth, Belmont ecc. 2006.

14 Solo come esempi si vedano la *Carta dei doveri del giornalista*, promulgata dal Consiglio Nazionale dell'Ordine dei giornalisti e dalla Federazione Nazionale della Stampa Italiana l'8 luglio 1993, o la *Carta dell'informazione e della programmazione a garanzia degli utenti e degli operatori del servizio pubblico*, promulgata dalla RAI nel marzo 1995 e poi rielaborata e riproposta nei primi mesi del 1996. È possibile consultare questi codici sui siti delle associazioni, degli ordini o delle emittenti di riferimento.

15 Fra i testi di Apel tradotti in lingua italiana, che risultano più utili per affrontare le questioni oggetto del nostro interesse, bisogna menzionare almeno *Etica della comunicazione*, tr. it. di V. Marzocchi, Jaca Book, Milano 1992; *Discorso, verità, responsabilità*, a cura di V. Marzocchi, Guerini e Associati, Milano 1997 (con ampia bibliografia), *Lezioni di Aachen e altri scritti*, Pellegrini, Cosenza 2004.

16 Si vedano in proposito, soprattutto, i due volumi di *Trasformation der Philosophie*, Suhrkamp, Frankfurt a.M. 1973.

17 Cfr. K.-O. Apel, *Etica della comunicazione*, cit., p. 75 («Architettonica dell'etica del discorso»).

18 Che, ricordo, sono quelle della *giustizia*, cioè «dell'*uguale diritto* per tutti i possibili *partner* del discorso all'impiego di ogni atto linguistico utile all'articolazione di pretese di validità in grado di ottenere un possibile consenso»; della *solidarietà*, «riguardante il *reciproco appoggio e dipendenza* nel quadro del comune intento di una soluzione argomentativa dei problemi» e, infine, della *co-responsabilità* «per tutti i *partner* del discorso nello sforzo solidale per l'articolazione e la risoluzione dei problemi» (ivi, p. 30).

19 Addirittura Apel collega queste due tesi con un nesso d'implicazione: «Asserendo che almeno queste norme fondamentali di una comunità ideale della comunicazione *sono già sempre state riconosciute*, è anche implicito il fatto che noi le si sia *liberamente* riconosciute, ovvero che noi, in quanto argomentanti, le imponiamo a noi stessi, come pure a tutti i *partner* del discorso, in un atto di *autonoma autolegislazione*» (ivi, p. 31).

20 E le cose, a ben vedere, non cambiano se, invece di Apel, interroghiamo su questi stessi punti lo Habermas della *Diskursethik*. Si veda per il pubblico italiano la sua *Etica del discorso*, a cura di E. Agazzi, Laterza, Roma-Bari 2009.

21 Per un approfondimento di questa tematica mi sia permesso di rinviare ai miei volumi *Paradossi del senso. Questioni di filosofia*, Morcelliana, Brescia 2002; *Senso e indifferenza*, Edizioni ETS, Pisa 2007; *TeorEtica. Filosofia della relazione*, Morcelliana, Brescia 2010.

22 In tal modo, fra l'altro, assumendo l'esigenza di fondo insita nella prospettiva contestualista. È a partire da qui, dunque, che le indicazioni etiche implicite nella struttura del linguaggio possono farsi davvero concrete. Se tuttavia si chiedono regole esplicite in base alle quali compiere una tale applicazione concreta, la risposta non può che essere negativa e quindi, forse, deludente. Non ci sono regole, infatti, per l'applicazione delle regole. Tutto, di nuovo, è rinviato alla capacità di ciascuno e, più precisamente, alla sua responsabilità.

23 Qui s'annuncia, da un punto di vista morale, la problematica del male. Ma affrontarla aprirebbe naturalmente un altro capitolo, che sarebbe fin troppo ampio, del nostro discorso.

Per collegarsi al
sito della rivista
inquadrare
con il proprio
smartphone il
QR Code

Scritti di: Paolo Cristofolini, Filip Buyse, Inmaculada Hoyos-Sánchez, André Tosel, Andrea Sangiacomo, Wolfgang Bartuschat, Ilaria Gaspari, Diogo Pires Aurélio, Donatella Di Cesare, Piet Steenbakkers, Syliane Malinowski-Charles, Dario Antiseri, Dario Giugliano

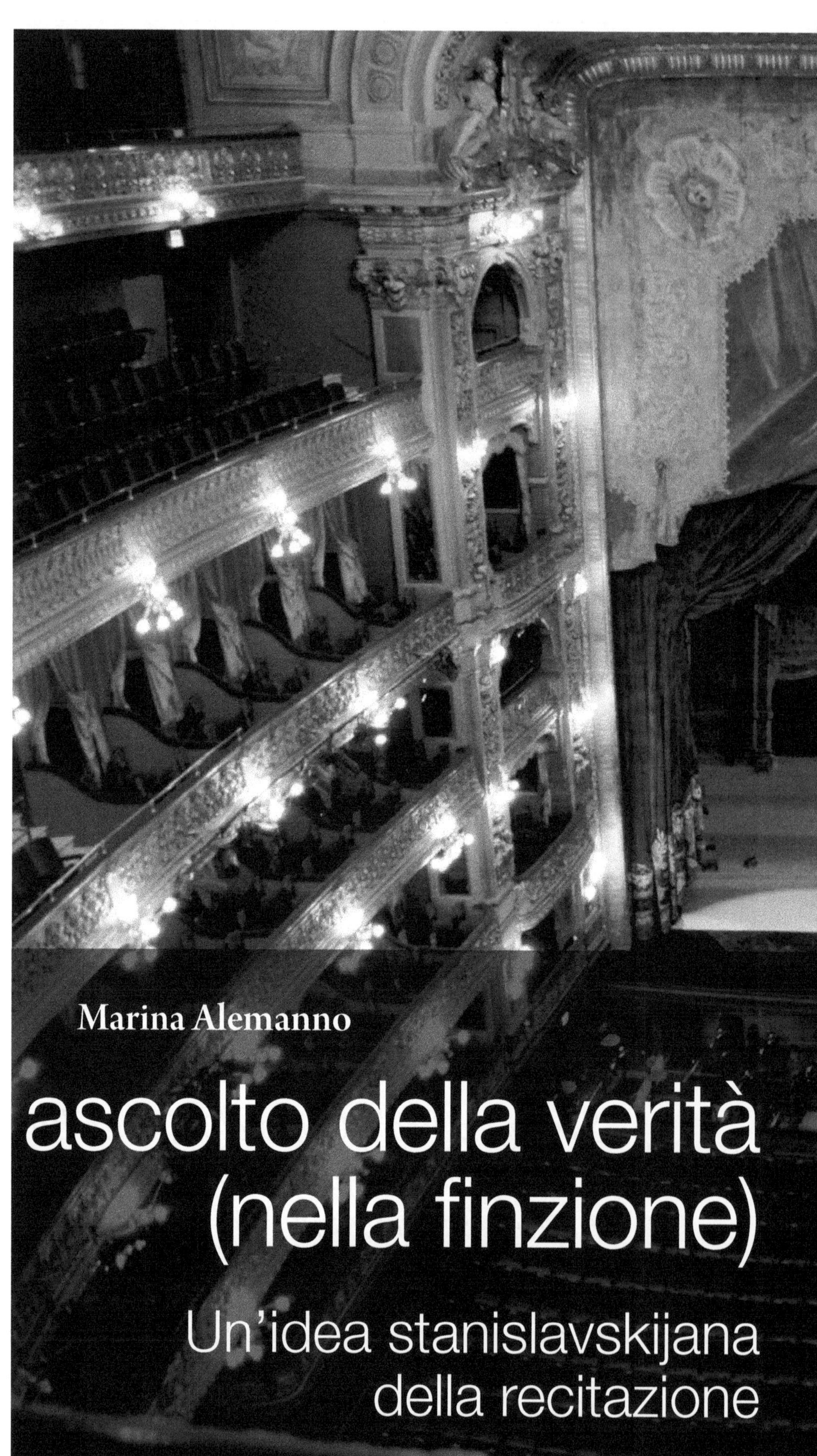

Marina Alemanno

In ascolto della verità (nella finzione)

Un'idea stanislavskijana della recitazione

*“Recitare è essere onesti, reali.
Il pubblico non ti ama o non si
identifica in te solo perché hai un
bel viso o un bel corpo. Ti ama per
l’onestà della tua anima”*

Kate Winslet

10.05.24 La Sala Principal del Teatro Colón vista desde el último balcón |
Gobierno de la Ciudad de Buenos Aires | | www.flickr.com

1. Dall'attore- maschera all'attore-uomo.

Ritratti di finzione. Personalità in maschera. Commedia illusorie di volti truccati, comportamenti forzati e movimenti orchestrati. Uomini sul palco per il gusto di riprodurre l'apparenza. Espressioni studiate, lacrime pensate e rabbia inscenata erano i principali ingredienti di un teatro prestanislavskijano.

A partire dal XIII secolo, infatti, si diffuse l'idea che l'attore fosse un imitatore di gesti, movimenti e azioni nella loro pura fenomenologia, senza che la psiche fosse minimamente coinvolta negli stati d'animo espressi.

A tal proposito, è interessante riportare il pensiero dell'autore di una delle più affascinanti opere scritte sul mestiere dell'attore: il "paradoxe sur le comedien" di Denis Diderot.

Per il filosofo illuminista l'attore è un seduttore ai piedi di una donna che non ama ma che vuole ingannare, un mendicante per la strada o sulle porte di una chiesa che vi insulta quando non spera di commuovervi, una cortigiana che non sente nulla ma cade in smanie tra le vostre braccia.

Dunque ci viene offerta, durante l'epoca dei lumi, l'immagine di un attore / spettatore freddo e razionale.

Dobbiamo aspettare l'indiscusso padre della recitazione, Konstantin Stanislavskij, per assistere ad una vera e propria rivoluzione. E' con lui che finalmente vediamo nascere un palco di emozioni, popolato da lacrime di vero sconforto, risate d'amore e rabbia di vendetta. Possiamo presenziare alla nascita di nuove personalità dotate di autentica gestualità, espressività e movimento.

Prima di addentrarci nella conoscenza delle cause di un simile cambiamento, possiamo riscontrarne gli attuali effetti.

Non è forse capitato a tutti noi di identificare il personaggio di un film con l'attore che lo interpreta?

Nella famosa sitcom "I Robinson" abbiamo mai creduto che Bill Cosby potesse avere caratteristiche comportamentali, psicologiche e personali differenti da quelle del dott. Cliff Robinson?

In "Spiderman", Tobey Maguire non è forse un timido ragazzino che dopo un particolare incontro con un ragno, assume poteri straordinari, al pari di Peter Parker?

Nel cult cinematografico "Fight Club", Edward Norton non è forse un uomo che stanco del materialismo e della cinica filosofia occidentale, va incontro a problemi schizofrenici che lo porteranno ad incontrare un 'altro se stesso'?

E' la stessa identificazione che riscontriamo tra Leonardo Di Caprio e il romantico ragazzino-carpe diem di Titanic, tra Al Pacino e il satanico John Milton ne "L'avvocato del diavolo", tra Russell Crowe e l'imbattibile guerriero Massimo Decimo Meridio ne "Il gladiatore".

Spesso nel raccontare la trama di un film, utilizziamo il nome autentico dell'attore e non quello del personaggio.

Ecco, dunque, il passaggio dalla maschera all'uomo.

Parliamo ora di un attore che per recitare ha bisogno di smascherarsi.

2. Stanislavskij: la memoria emotiva attraverso la psicotecnica.

Uomo dalla complessa, irrisolta e contradditoria personalità, Stanislavskij, dedicò la sua intera esistenza al raggiungimento di una "recitazione

vera".

Un ossimoro che può essere agilmente superato se consideriamo la possibilità che l'attore coinvolga totalmente, nel suo atto creativo, la psicologia del suo intero essere.

Non si tratta dunque, di un attore-marionetta che cerca di riprodurre esteriormente e meccanicamente la maschera dei sentimenti, ma di un attore che vive realmente il proprio personaggio, le sue sfumature psicologiche più nascoste, il suo passato, il suo presente e i suoi progetti futuri. È cosi che il respiro, il pensiero, il battito dell'attore si sincronizzeranno con quelli del personaggio fino a fondersi, fino a diventare irrimediabilmente la stessa persona.

La prima consapevolezza che l'uomo- attore deve acquisire è quella di poter rivivere solo le sue personali sensazioni. D'altronde sarebbe impossibile poter prendere in prestito un'anima per ogni personaggio da interpretare. Si può affittare un abito, un orologio, ma non si possono prendere in prestito da un'altra parte o da un altro uomo i sentimenti! Il mio sentimento appartiene esclusivamente a me, il vostro a voi. Si può intuire, capirne una parte, entrare nella situazione, agire come il personaggio, ma saranno sempre messi in gioco i sentimenti dell'attore e non quelli del personaggio inventato dal poeta. Qualunque cosa tu sogni, qualunque esperienza tu viva, nella realtà o nel sogno, sarai sempre e solo te stesso. Nel momento in cui l'attore perde questa capacità, smette di rivivere la parte e comincia a recitare enfaticamente, indossa una maschera.

È cosi che Stanislavskij evidenzia la necessità che l'attore riconosca caratteristiche proprie nel personaggio che interpreta. Solo la combinazione delle caratteristiche del personaggio con elementi del proprio 'io' può creare, altrimenti si darà vita ad un mostro senza cuore, ad una forma priva di sostanza.

Mai farsi assalire dal dubbio che un attore non contenga emozioni, sentimenti e umori a sufficienza, in quanto si può star certi che ne disponga in abbondanza per il resto della vita.

Piuttosto bisognerebbe prestare maggiore attenzione alla comprensione di quali siano i mezzi per ricavare il materiale emotivo dall'anima!

A questo punto sorge spontaneo chiedersi: come si può entrare in un'altra vita? Come ci si può calare nei panni di un altro uomo? Dove ricercare le connessioni psichiche tra se stessi e un nuovo sé già scritto sul copione? Come risvegliare la cosiddetta 'memoria emotiva'[1]?

Perché secondo Stanislavskij è proprio questo il punto: bisogna rivivere la parte, creare consapevolmente la vita spirituale del personaggio, dar vita ad un mondo interiore forte e vivo, che si dovrà poi comunicare in forma artistica all'esterno.

Il lavoro che vide coinvolto il maestro della recitazione fu proprio quello di ricercare delle tecniche scientifiche, tangibili, strutturabili e fisse per far emergere ciò che di meno tangibile c'è nell'uomo: la sua interiorità, l'emozione, il nucleo di una lacrima, la radice della rabbia.

Grazie alla psicotecnica, egli cercò di intraprendere un percorso che andasse dall'esterno all'interno, dalla corazza al nucleo, da ciò che è puramente forma alla vera essenza. In breve, una tecnica che risvegliasse i veri ricordi, le vere passioni, la verità dell'io.

"La psicotecnica è un percorso di esperienza e di intervento che sta a mezzo fra la psicologia e il teatro." (www.psicoteatria.com)

È un metodo che permea l'attore a livello personale, trasformandolo come individuo prima ancora che come professionista: lo sforzo continuo verso l'autenticità, il lavoro faticoso e mai concluso sulla propria interiorità, la costruzione di un personaggio che spesso induce sofferenza, risveglia resistenze, consente cambiamenti e consapevolezze nuove.

Può essere interessante, a tal proposito, riportare il pensiero rispettivamente del regista P. Gerbisi e dell'attrice C. Lenzi, entrambi con una lunga esperienza teatrale alle spalle, che applicano la psicotecnica nel loro lavoro. Essi raccontano il Metodo attraverso la propria esperienza.

Da questa testimonianza si può dedurre quanto la psicotecnica penetri nell'anima di chi la applica, di come essa contenga in sé interiorità e professionalità e di come si nutra sostanzialmente del mondo psichico, al quale, a sua volta, restituisce grandi ricchezze.

Il regista ritiene che lo scopo principale di Stanislavskij sia quello di

creare una vita, creare un altro sé vivo, un alter ego, che è il personaggio. Ma una vita come si crea? Con la vita. Quindi per "creare la vita" ad un personaggio si deve attingere dalla propria esistenza.

Per farlo, è necessario cercare delle verità e delle nature nascoste dentro di noi, quindi bisogna approfittare dei personaggi per andarle a ricercare. Secondo il regista, l'attore è molto fortunato in questo, perché fa un lavoro psicologico su se stesso e sugli altri non indifferente.

L'attrice, dal suo canto, afferma quanto siano stati importanti per lei alcuni personaggi, di quanto l'abbiano aiutata a crescere come persona. Parla di personaggi rivelatori, in quanto hanno rivelato il proprio sé a se stessa.

Scoprirsi: questo è ciò che dà senso al fare teatro. Il teatro non è soltanto un mestiere freddo, è caldo, nel senso che incontrando il personaggio, grazie al metodo, si ottiene la possibilità di mettere in gioco sentimenti che erano sopiti. È una scoperta che dà nuove consapevolezze.

La stessa attrice rivela quanto alcune volte si possano incontrare dei personaggi inizialmente detestabili, dai quali si tende a prender le distanze: 'ma perché io devo essere questa? È antipatica, è brutta, io invece sono bella, buona e brava! Non ho nessuna voglia di essere brutta e cattiva.' Si litiga, ma dei litigi che successivamente si rivelano difensivi.

Tutto ciò permette di cogliere l'intima connessione, che l'attore stesso riconosce nella sua arte, tra la recitazione e la psicologia.

Ma svariati sono i motivi che evidenziano quanto la psiche sia incredibilmente coinvolta nel mestiere dell'attore:

Poiché l'espressione ha la sua fonte nell'inconscio; poiché i veicoli attraverso cui si giunge alla creazione sono principalmente psicologici; poiché la guida del processo è affidata ai 'motori della vita psichica', i soli in grado di governare il passaggio alla creatività; poiché consente la nascita di una nuova entità psichica: la persona-personaggio; poiché realizza l'espansione dell'io verso una forma più compiuta a livello espressivo, ovvero l'io-creativo.

E ancora: il suo pubblico è psicologicamente coinvolto perché sente e vive dentro di sé le emozioni, i bisogni che l'attore trasmette attraverso il suo personaggio; l'ambiente per Stanislavskij, possiede una valenza psicologica, non è semplicemente fine al bello, bensì alla rievocazione. E inoltre: il testo, per Stanislavskij, è soltanto un pretesto per la creazione di un copione del tutto personale, che prenda forma sulla base del mondo interiore, realizzandosi attraverso la tessitura del sottotesto, atto psicologico attraverso il quale la persona-attrice riempie e colora, con le proprie risonanze intime, gli spazi tra le righe del testo.

Per raggiungere questa magica creazione, sarà fondamentale non solo che l'attore ami i propri ricordi coscienti, quelli più sentiti, più cari, più belli, quelli in grado di restituire emozioni spettacolari, calde e coinvolgenti, che influiscano sull'ispirazione, ma che allo stesso tempo, si serva degli strumenti che comunemente racchiudiamo sotto il nome di psicotecnica: le circostanze date, i 'se', l'attenzione scenica, l'immaginazione, le azioni fisiche e la loro logica e coerenza, la scenografia, gli arredamenti, le luci, i suoni e tutti gli oggetti che creano in scena l'illusione della vita vera.

E allora basta con i clichés, basta

con questo strabuzzamento di occhi, strofinamento della fronte, col passaggio delle dita tra i capelli e la pressione delle mani sul cuore. Lasciamo in pace la fronte, i capelli e il cuore. Ciò che realmente importa è che l'attore senta, non che l'attore dimostri, altrimenti il suo artificioso e forzato sentimento sfocerà in una vuota e sterile azione fisica.

Nell'opera *Il lavoro dell'attore su se stesso*, l'insegnate Torcov, di fronte alla rappresentazione di un allievo, riconosce una buona tecnica, fine a se stessa però, priva di verità e di atto creativo. Riporto di seguito le parole che lo stesso insegnante rivolge all'alunno in questione:

> Il tuo preteso vero, rappresenta tipi e passioni, il mio vero crea il tipo e risveglia passioni reali. Tra la mia arte e la tua passa la differenza che c'è tra la parola "sembrare" e la parola "essere". Io ho bisogno di vero, autentico, tu ti accontenti della verosimiglianza. Io ho bisogno di credere, a te basta che creda lo spettatore (...) nel tuo teatro lo spettatore resta spettatore, nel mio diventa un testimone involontario che partecipa alla creazione, s'immedesima nella vicenda che si svolge in scena e ci crede. (Stanislavskij 1964: 164)

In risposta, l'allievo offeso, riporta le parole di Puskin: "*Più della meschina verità mi è prezioso l'inganno che mi sublima*"; il maestro prontamente controbatte con la continuazione della stessa frase "*e su questo inganno piangerò tutte le mie lacrime.*" (Stanislavskij 1964: 164)

E allora che inganno sia se tanto potente da far provare reali lacrime.

Non si può piangere per ciò a cui non si crede.

3. *Conclusione*

In definitiva, ciò che ho cercato di proporre è una visione della recitazione, nei suoi più svariati aspetti, che superi le restrizioni che da sempre le sono state imposte. Una recitazione che non si limiti a esporre paroloni, bei volti, corpi versatili, ma che divenga vetrina di sentimenti, emozioni, caratteri, personalità vere, concrete, vissute.

L'attore è prima di tutto un essere umano, e in quanto tale è guidato dagli stessi meccanismi psichici, al di là che si trovi "in scena" o nella vita. Nonostante possa essere oggetto di discussione, si può valutare quanto sia labile il confine tra le teorie di Stanislavskij e quelle freudiane. E' vero che il padre della recitazione non si è mai ritenuto uno psicologo, ma è anche documentato il fatto che abbia sempre dimostrato un forte interesse nei confronti dell'aspetto psichico dell'uomo/attore. Egli stesso sosteneva quanto fosse importante che la tavolozza spirituale e la partitura psichica dell'attore fossero ricchissime, variopinte e multiformi. L'attore non solo deve scavare nel proprio mondo interiore, ma deve conoscere alla perfezione ogni sfumatura della psicologia dell'animo umano, così da poterla riprodurre. Il professionista non può permettersi il lusso di 'indossare una maschera per essere sincero', come sosteneva Oscar Wilde, ma deve spogliarsi completamente per incontrare la verità: la presa di consapevolezza del proprio intimo sé. Solo questo gli permetterà di viverlo appieno, nelle sue plurisafaccettature.

E allora è giusto credere che in Tobey Maguire in fondo ci sia un po' di Peter Parker, che Al Pacino nasconda in sé aspetti di John Milton, che Leonardo Di Caprio abbia del romanticismo del noto Jack di Titanic. Non a caso durante un'intervista televisiva Al Pacino abbia dichiarato "I miei personaggi dicevano cose che io non sarei mai riuscito a pronunciare, ma che ho sempre desiderato dire". ■

> "Lo strumento dell'attore non sia il corpo, ma il proprio universo psichico."
>
> Kostantin Sergeevič Stanislavskij

Note

1 Concetto portante del metodo Stanislavskijano. E' la capacità di rivivere emozioni già vissute, di far rinascere davanti alla vista interiore cose dimenticate, paesaggi, figure e persone. Come affermava lo psicologo sperimentale francese, Theodole Armand Ribot: "E' possibile rivivere un'emozione quando ci troviamo in presenza delle condizioni sensoriali che hanno originariamente accompagnato l'esperienza". Dunque, un attore, rievocando in sé una condizione sensoriale, un odore, un sapore, collegati ad una particolare esperienza emotiva del suo passato, può riuscire a catturarla nuovamente e a riviverla.

Riferimenti bibliografici

Gordon, M. 1992. *Il sistema di Stanislavskij: dagli esperimenti del teatro d'arte alle tecniche dell'Actors Studio.* Venezia: Marsilio.

Jouvet, L. 1947. "Attore e commediante", in L. Ridenti (a cura). *L'attore.* Torino: Ed. Il Dramma.

Modica, M. 1996. *Ricerche filosofiche sull'origine e la natura del bello.* Gaeta: Bibliotheca.

Molinari, C. 1992. *L'attore e la recitazione.* Bari: Biblioteca universale Laterza.

Panizza, F. 1991. *Konstantin S. Stanislavskij.* Milano: Marzorati.

Perussia, F. 2003. *Theatrum psychotechnicum, l'espressione poetica della persona.* Torino: Bollati Boringhieri.

Ribot, T. 1896. *La psicologia dei sentimenti.* Milano: R. Sandron.

Stanislavskij, K. S. 1964. *Il lavoro dell'attore su se stesso.* Bari: Laterza.

Stanislavskij, K. S. 1988. *Il lavoro dell'attore sul personaggio.* Roma-Bari: Laterza.

Concinnitas

Dialogo con Tiziana Proietti

Immagine estratta da Delle architettura libri dieci di Leon Battista

Nelle pagine di Verità e metodo, *Gadamer individua in Leon Battista Alberti il fautore dell'avvento di una nuova cultura del visuale. Della multiforme attività dell'artista rinascimentale parliamo con Tiziana Proietti, autrice del libro* Concinnitas. Principi estetici nell'opera di Leon Battista Alberti

1. Che cosa si indica con il termine "Concinnitas" e perchè nel suo libro parla di una evoluzione del termine?

L'origine della parola latina *concinnitas* risale alla concezione greca di κοσμος che esprime il perfetto equilibrio armonico raggiunto per mezzo di una corretta disposizione e reciproca concordanza tra tutte le componenti dell'universo. Essa può essere tradotta con l'idea di "coralità" o anche di "mutua collaborazione" ed è portavoce di una compiutezza finale alla quale non è possibile aggiungere o sottrarre alcunchè senza alterare o compromettere l'armonia della composizione. Il trattatista rinascimentale Leon Battista Alberti prende in prestito il concetto di *concinnitas* dalla retorica ed in particolare da Cicerone, il quale attribuiva al termine il significato di armonica disposizione tra tutte le componenti linguistiche del discorso. Egli impiega in un primo momento tale nozione conservando il contesto linguistico proposto dall'oratore romano, come è possibile osservare in alcuni passi del *Commentarium Philodoxo Fabulae* e dell'*Intercenale.* In seguito il trattatista muterà progressivamente l'ambito di applicazione del concetto conducendo ad un'evoluzione terminologica che attraversa tutto il corpus teorico albertiano. Difatti, nel *Della Familia* Alberti suggerisce un primo collegamento della nozione di *concinnitas* con la disciplina musicale, evidentemente già presente in Cicerone ma senza alcuna esplicita citazione, fino ad arrivare a coinvolgere ogni sfera dell'esistenza umana con particolare riferimento alla composizione architettonica e artistica. Questo percorso trova il suo culmine nella stesura del *De re Aedificatoria* dove la parola *concinnitas,* non solo rappresenta il principio fondamentale attraverso il quale è possibile ambire alla compiuta perfezione di un'opera architettonica, ma è allo stesso tempo in grado di sintetizzare le molteplici sfaccettature attribuite al termine durante il suo percorso evolutivo. Basti ricordare in merito il valore politico-sociale assegnato ad un'architettura regolata dal principio della *concinnitas,* grazie alla quale un qualsiasi spettatore, seppur nemico di guerra, non potrà che indugiare di fronte alla perfezione armonica e retrocedere dall'idea di distruzione.

2. La teoria della concinnitas può essere attribuita esclusivamente a Leon Battista Alberti o ci sono delle ascendenze?

Ritengo che l'innovazione terminologica proposta da Alberti con il termine *concinnitas* sia strettamente connessa alle difficoltà nell'appropriazione dei sei termini vitruviani (*ordinatio, dispositio, eurythmia, symmetria, distributio, decor*) estratti dal *De Architectura libri decem.* Con molta probabilità, a seguito di un'approfondita lettura dell'unica fonte teorica sull'architettura pervenutaci dall'antichità, Alberti avvertì la necessità di un'interpretazione dei termini presi in prestito da Vitruvio direttamente dalla cultura greca. Bisogna considerare che il Rinascimento fu protagonista della riscoperta dell'antico testo da cui presero spunto una serie di interpretazioni e riflessioni che hanno condotto all'attuale confusione terminologica nell'utilizzo di parole come simmetria ed euritmia. Alberti, grazie al suo approccio critico rispetto alla cultura classica, sembra aver voluto sintetizzare i termini della *qualitas vitruviana* (*ordinatio, eurythmia, symmetria*) con un unico concetto, preso in prestito da un'altra disciplina, dal forte valore semantico come quello della *concinnitas*. Egli decide di rivisitare la terminologia architettonica antica costituendo un corpus teorico capace di far confluire in un unico termine una molteplicità di significati e di proporre, allo stesso tempo, una critica alla teoria architettonica ancora oggi di grande attualità. Credo che questo conferisca ad Alberti un primato nella teoria della *concinnitas*.

3. Qual è il ruolo della *mediocritas* nella definizione del concetto di architettura di LBA?

Il concetto di *mediocritas* albertiano, traducibile con i termini "moderazione" o "giusto mezzo", fa riferimento alla responsabilità civile del fare architettura. Essa non solo contribuisce alla compiutezza armonica della *concinnitas*, dove la meditata e moderata disposizione di ogni elemento conduce alla compiutezza dell'organismo architettonico, ma va oltre, abbracciando tutte le sfere del progetto di architettura. Le *mediocritas* è difatti portatrice di un'attitudine alla selezione ed al discernimento che ambisce alla perfezione, e rappresenta allo stesso tempo la presa di coscienza da parte dell'uomo del proprio

margine di libertà che non dovrà in alcun modo sconfinare in inutili dispersioni di energia, risorse o denaro. Alberti denuncia a titolo di esempio le piramidi egizie e la Domus Aurea di Nerone dove ingiustificati esibizionismi, nella grandezza e nello sfarzo, hanno prevaricato la ragione e l'utilità conducendo a delle vere e proprie follie, come egli medesimo le definisce. Attraverso il concetto di *mediocritas* Alberti propone così una critica ancora una volta di grande attualità. Egli richiama l'attenzione sul valore civile dell'architettura che dovrà contribuire allo "splendore della città" e al suo equilibrio sociale. Parafrasando Alberti, la *mediocritas* può definirsi "amica della quiete e portatrice della pace"; un principio di ragionevolezza volto a soddisfare la mente dell'uomo, allietare il suo spirito e rispondere alle esigenze del suo corpo interessando tutte le scale del progetto, dalla casa alla città, e tutti gli ambiti dell'esistenza umana, da quello individuale a quello collettivo.

4. Nell'opera *De re Aedificatoria*, Alberti attribuisce un ruolo eminente ai termini "sentire" e "videre". Può brevemente richiamare questo ruolo?

Leggendo i trattati albertiani sulle arti (*De Sculptura*, *De Pictura* e *De re Aedificatoria*) risulta sin da subito evidente l'attenzione prestata al fruitore dell'opera e ai suoi sensi. Questi sono difatti intesi come il veicolo principale attraverso il quale l'uomo attinge al piacere e all'appagamento estetico offertogli dall'armonia di un oggetto compiuto. L'essere umano detiene, in accordo con la visione dell'umanista, una naturale ed istintiva attitudine che gli permette di accostarsi al bello e di riconoscere l'eventuale presenza di disarmonie provenienti da indebite aggiunte o irreparabili mancanze. Tale sensibilità, propria di ogni essere umano senza alcuna differenza di classe o grado d'istruzione, trova la sua massima espressione nei sensi dell'udito e della vista, entrambi fortemente legati al principio della *concinnitas*. Difatti, l'occhio per l'architettura, così come l'orecchio per la musica, sono "desiderosi di *concinnitas*". Si richiede pertanto una perfezione dell'insieme, facente riferimento alla legge fondamentale ed esatta delle proporzioni sottoposta all'infallibile giudizio dell'orecchio e dell'occhio. Un'attitudine, dunque, alla percezione dell'ordine, della misura e della bellezza da cui Alberti trae un vero e proprio insegnamento, che riporta l'attenzione sui due termine *sentire* e *videre*, lasciando che siano questi a stabilire l'appropriatezza e la validità dell'opera.

5. Perchè Alberti sembra sostituire il senso dell'udito con quello della vista?

Credo sia, al riguardo, utile tornare ancora per un momento sull'interesse dimostrato da Alberti per la disciplina musicale dalla quale l'architetto rinascimentale prelevò le leggi proporzionali della *concinnitas*, direttamente derivate dagli accordi musicali. Questo approccio alla teoria della proporzione, risalente a Platone e estremamente diffuso nella cultura rinascimentale, parte da un'analogia tra musica e architettura. Tuttavia, il parallelo tra le due discipline non si ferma in Alberti alla definizione dei sistemi proporzionali e del sistema numerico su cui essi si fondano, ma viene ulteriormente approfondito proprio nell'innovazione terminologica proposta dall'umanista. Non è difatti un caso che il termine *concinnitas*, principio fondamentale nell'opera di Alberti,

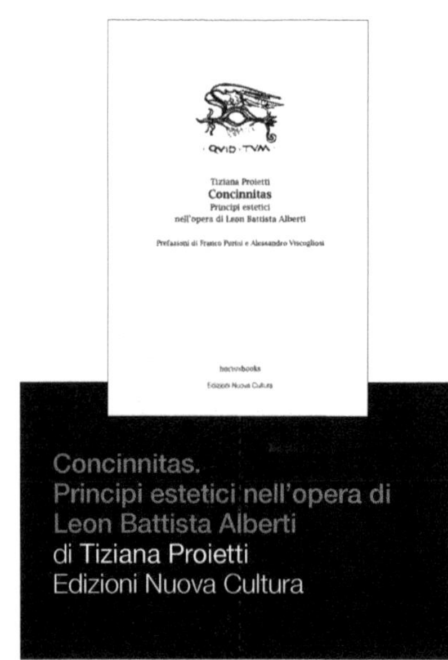

Concinnitas.
Principi estetici nell'opera di Leon Battista Alberti
di Tiziana Proietti
Edizioni Nuova Cultura

faccia riferimento all'*ars oratoria* e dunque al senso dell'udito. La perfetta musicalità armonica raggiunta da Cicerone nei suoi famosi periodi lunghi, caratterizzati da variazioni tonali e successioni ritmiche, o anche la perfetta consonanza di un verso di Omero, Virgilio o di qualsiasi altro celebre poeta classico, è ripresa da Alberti e ricontestualizzata all'interno della disciplina architettonica, al fine di assegnare le attitudini dell'udito al senso della vista. Così, la "legge esatta" della *concinnitas*, precedentemente riferita all'appagamento dell'udito per mezzo dei suoni, ambisce a soddisfare la vista, la quale acquista un primato tra tutti i restanti sensi. Tale primato deriva molto probabilmente dal privilegiato ruolo rivestito dall'architettura all'interno del sistema della arti, in quanto rappresentazione sintetica dell'intera complessita dell'esistenza umana.

6. Qual è il ruolo dell'ingenium nella riflessione di LBA?

L'*ingenium* è la capacità, propriamente artistica, di trasformare qualsiasi disarmonia avvertita all'interno di una composizione in una rinnovata concordanza. Esso rappresenta la dotta risposta alla discordanza o disarmonia, che qualsiasi essere umano può avvertire ma che solo l'occhio allenato dell'artista può correggere. Questa capacità è il risultato di una costante ed instancabile preparazione anche a discipline come la matematica, la geometria e la musica. Non a caso Alberti consiglia agli artisti sin dalla giovinezza alcune tecniche per affinare il loro ingegno: l'utilizzo dell'abaco, al fine di acquisire la giusta dimestichezza con i numeri; l'esercizio del disegno e in particolare della prospettiva; le leggi della composizione musicale, da cui si potrà apprendere la sensibilità per il ritmo e per la disposizione armonica. Volendo esemplificare, per Alberti l'*ingenium* è il detentore della *ratio*, necessario per la rilevazione degli effetti della disarmonia e fautore della *concinnitas*.

7. Perchè la pittura ha una "forza divina"?

Il preminente ruolo conferito alla pittura da Alberti è strettamente connesso all'assegnazione di un nuovo valore all'attuale riconosciuta triade delle arti (pittura, scultura, architettura), precedentemente considerate come semplici mestieri. Secondo il trattatista rinascimentale tale valore risiede nella capacità dell'arte di aggiungere ulteriore bellezza e grazia alle forme della natura. L'artista, difatti, non imita pedissequamente le forme naturali ma le reinterpreta, se non addirittura supera, grazie alla legge della *concinnitas*. La pittura, genitrice delle restanti arti, detiene una forza divina poichè, come introdotto dal trattatista nel *De Pictura*, essa rappresenta la raffigurazione mentale o grafica antecedente ogni intenzionalità progettuale e conserva per questo uno stretto legame con l'attivazione della *ratio* e la coltivazione dell'*ingegnium*. Alberti assegna difatti alla pittura un valore intellettuale che sembra stimolare il resto della produzione artistica.

8. A suo avviso, qual è il maggiore contributo fornito da Leon Battista Alberti alla storia dell'arte e all'architettura?

La vastità e varietà di argomenti trattati nell'opera di Alberti, nonchè l'innovativo approccio con cui l'autore affronta e rivisita alcuni aspetti della pratica architettonica e artistica, rendono difficile isolare un unico aspetto della teoria albertiana considerandolo più rilevante di altri. Tuttavia, credo che in questa sede sia importante sottolineare il fondamentale apporto fornito da Alberti alla teoria proporzionale nelle arti. Egli, pur non proponendo in alcun modo una precisa definizione del concetto di proporzione, è tra i primi nella storia a concentrarsi sui valori estetici dell'arte, arrivando addirittura a istituire, tramite l'attenzione riservata alla relazione tra le parti e il tutto, un'univoca teoria della composizione utilizzabile per tutto il sistema delle arti. La *concinnitas* diviene così portavoce di una nuova chiave di lettura che aprirà le porte a molte delle trattazioni future nella ricerca estetica e filosofica oltrechè nella teoria dell'architettura. Inoltre Alberti intuisce la connessione esistente tra arte e natura, rivisitando il concetto di *imitatio* che sino a quel momento era tra i principali fini delle arti. Grazie alla *concinnitas* l'arte va oltre l'imitazione delle forme della natura per rappresentarne le leggi costitutive fino a superarle.

9. Che cosa significa il simbolo dell'occhio alato utilizzato da Leon Battista Alberti?

Il simbolo dell'occhio alato, disegnato da Alberti e riprodotto in una medaglia coniata da Matteo de' Pasti, può considerarsi come un'efficace graficizzazione dell'intero corpus teorico lasciatoci dal trattatista rinascimentale. La figura, come è noto, è composta da una corona di alloro, simbolo di gloria, che cinge il disegno di un occhio, "la più importante delle parti del corpo", con un'ala d'aquila. Tale emblema sottolinea il primato e l'infallibile autorità della vista sui restanti sensi, attribuendole un carattere quasi divino. Esso contribuisce difatti, in accordo con Alberti, all'esattezza della legge fondamentale della *concinnitas*.

L'occhio albertiano è però dotato di ali atte a simboleggiare la limitatezza dell'essere umano, il quale potrà avvicinarsi alla perfezione divina solo a seguito del passaggio ultraterreno. Alberti racconta così di un interminabile ed instancabile viaggio di conoscenza, possibile grazie alle attitudini intellettuali dell'uomo e al potere della vista, alla ricerca dei precetti fondamentali dell'architettura, e più in generale di tutte le arti. Concludendo, l'occhio alato raffigura contemporaneamente il potere e il limite dello sguardo, il quale offre ad ogni architetto l'efficace lezione di "insegnare a vedere".

10. A suo giudizio, qual è l'attualità della concinnitas?

Personalmente credo che la teoria della *concinnitas* abbia molto da offrire alla contemporaneità proponendo critiche ancora di una profonda attualità. Leggere Alberti nel ventunesimo secolo, come introduce Viscogliosi nel libro, significa approcciare i problemi "che dovrebbero interessare gli architetti di tutte le epoche". Il principio di moderazione così come l'ambizione alla perfezione, da intendersi come esatta concordanza tra tutte le parti dell'organismo architettonico, nonchè il valore della *ratio* grazie alla quale l'uomo controlla la produzione del suo artefatto, lascia ancora oggi punti di riflessione aperti sulla responsabilità del fare architettura. Questi precetti dovrebbero così allontanarci da inutili esibizionismi o esagerazioni, portandoci a riflettere sull'essenza dell'architettura e sui suoi principi fondamentali, al fine di non tradire quell'interminabile viaggio di conoscenza che attraversa l'intera esistenza umana e che l'occhio alato albertiano simboleggia così bene. ■

Évora - *Praça do Giraldo* | Digitalsignal | CC BY 3.0 | http://it.wikipedia.org/

Paola Coppi

ÉVORA. UNA CITTÀ DA ASCOLTARE. IN SILENZIO

A Évora c'è un'atmosfera che non si ritrova in nessun altro luogo
José Saramago

Solo 130 km da *Lisboa*: questa è la distanza che separa la capitale portoghese da Évora. In un pomeriggio afoso di giugno comincia il mio viaggio in bus verso Évora: con una lentezza che non ha precedenti. L'impressione immediata è quella di essere entrata improvvisamente a far parte di uno dei molti film surreali di Manuel Olivera. Davanti a me il paesaggio si stende tra querce di sughero e olivi secolari. E se non fosse per l'animosità del conducente del bus che per radio ascolta a singhiozzo la partita degli europei Danimarca-Portogallo e che energicamente confeziona pugni e distribuisce improperi contro la sua radio perché ritorni a parlare...il viaggio scorrerebbe muto, telefonini che non squillano, nessuno che parla. Un viaggio solitario e silenzioso: verso il borgo medievale meglio conservato del Portogallo, oggi patrimonio mondiale dell'Unesco. Devo essere lì per un convegno e con non poca difficoltà vado alla ricerca dei ritmi che, per me, caratterizzano la terra lusitana: il *fado* con la sua musicalità, la sonorità dei mercati all'aperto e gli echi di una vita solare e latina. Invece, sin dal mio arrivo attraverso una città fantasma: le vie sono deserte, svuotate forse dal caldo africano o dalla partita di calcio che impegna la Nazionale arancione. Solo un religioso silenzio connota ora la città. Lo stesso descritto dal portoghese J. Saramago a cui la capitale dedica in questi giorni un museo. Nel suo *Viaggio in Portogallo* racconta lo scrittore: «taciturne le voci, muti gli organi qui e là, bloccati i passi, si ascolti la musica profonda, che è solo un'intraducibile vibrazione delle colonne, degli archi, della geometria infinita che le giunture delle pietre organizzano». Il silenzio della cattedrale così descritta da Saramago diventa poi ancora più assordante nella *capela dos Ossos*: qui (è il caso di dirlo!) il silenzio è mortale! Le ossa esposte in bella vista sono l'espressione più rigorosa del *memento mori*, un preciso ammonimento per il visitatore che di fronte ai cinquemila scheletri resta come attonito e muto. È noto che il silenzio nelle chiese va rispettato, ciò che invece ancora mi sfugge è quello che incontro per le vie di questa città: nelle *rua* quasi disabitate. Évora si presenta cosi al viaggiatore: conservando la sua mirabile storia in un silenzio incantatorio. Un paio di giornate di cammino, tra lo scendere e il salire attraversando la città, sono appena sufficienti per scoprire i suoi scorci più intimi. Ma ancora più tempo poi occorrerebbe per riuscire a godere di tutti i suoi segreti sapori: dai deliziosi *pasteis de nata* che accompagnano l'ottimo *cafè*, alle sublimi crocchette di *bacalao* e al suo vino *alentejano* che tinge di rosso la bocca. Évora è tutto questo: il viaggio in una città da ascoltare in assoluto silenzio. ■

Juliana de Albuquerque Katz

THE SILENT DWELLING OF THE EVENT OF LOVE

Recollections at Vigeland Park, Oslo

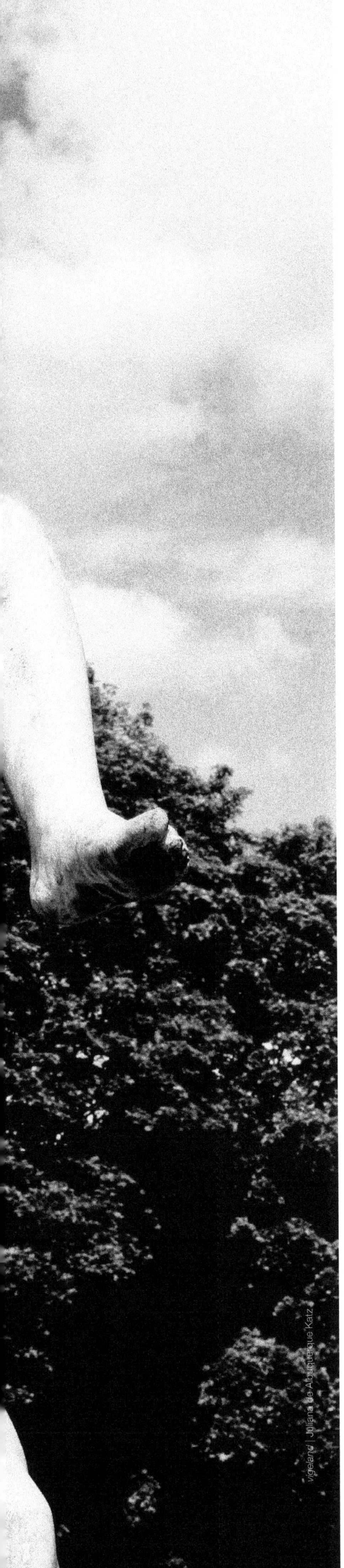
vigeland | Juliana de Albuquerque Katz

In *Being and Time*, silence is conceived as one of the possibilities of discourse (*Rede*), a mode of being of *Dasein* which is extra-linguistic, i.e., which does not concern words themselves but what is communicated through the revelation of something as the "*letting it be seen by pointing it out.*"[1] (BT, 32)

According to Heidegger, to be silent involves having something to say, - i.e., "to show: to make appear, to set free…" – and in order to do so, one must have at his disposal an authentic and rich disclosedness of oneself (BT, 34).

Even before publishing *Being and Time*, upon writing his early letters to Hannah Arendt, silence is constantly present in Heidegger's imagery as a notion which seems to be developing through the living experience of *that* particular affair.

He writes about young Arendt's life as one which is "silently preparing to become that of a woman;" he mentions that the demonic struck him through "silent prayer of your [her] beloved hands" and that "your [her] shining brow enveloped it in womanly transfiguration."[2]

It is upon the experience of love as an event, - the *coming to view* of that which springs abruptly within the richness of their silent understanding, - that the lovers reveal to one another the essence of that which they are, thus attributing to themselves the unbearable lightness of letting it be, i.e., of setting each other free by becoming increasingly unable to avoid *care* and by setting themselves attuned to the rhythm of truth not as correspondence, but as disclosure.

Thus, already late in life Heidegger writes a poem to Arendt:

"What is future – our e-vent?
Nothing then but this high
flood of pure fire,
preserved inviolate,
intending, delicate."[3]

To a love whose '*eventuality*' dwells in silence, hearing liberates and, at the same time, preserves its gaze upon something "*he saw – he sees.*" Thus, in its giving character, in its promptness to hear and to reveal, love liberates men into his essence, i.e., to "*the infinite intention of his own finitude.*"

It is a march which projects our own recollection into the future as means to avoid the forgetfulness of what is still there, laid before and within us, *there* - in the beginning which accompanies us and, even at its utmost absence, compel us to "the background of silence which does not cease to surround it [*speech*] and without which it would say nothing."[4]

Those were thoughts, recollections and accompanying absences on which I kept my gaze fixed upon. It was then, right there, while I crossed the bridge at Vigeland Park, amidst sculptures of incomparable vitality and drama, that I heard a silent call and an inner light charged me into something else. Something which, even hardly comprehending, I already was.[5] ■

Note

1 All quotes and pagination from *Being and Time* were taken from John Macquarrie and Edward Robinson's translation (2008).

2 See Heidegger, Martin. In Hannah Arendt and Martin Heidegger: Letters (1925 – 1975), p. 5 -6.

3 Idem. p. 80.

4 Merleau-Ponty, Maurice. *Indirect Language and the voices of Silence*, p. 248.

5 See Rilke, Rainer Maria. *A walk*. Translated by Robert Bly. http://www.poemhunter.com/poem/a-walk/

Alberto A. Vinudo

Deserto

Cammino credo ormai da alcune ore. Non ho consultato l'orologio prima di avviarmi, ma sono certo che sia trascorso un lungo lasso di tempo. Il calore che si solleva dal terreno infuocato fa tremare l'aria poco sopra il terreno stesso. Il paesaggio è mosso da piccoli rilievi, collinette di roccia intervallati da brevi ripiani sabbiosi o ciottolosi. La vegetazione è scarsa, è rappresentata simbolicamente da uno sparuto mucchietto di rami rinsecchiti dello stesso colore giallo della terra. Se pure vi è linfa in queste piante, non basta e non si vede, e gli sterpi sono rattrappiti e contorti. Il sudore sul petto e sulla fronte evapora prima ancora di condensarsi in goccioline, non sento scorrerle neanche sulla schiena. La camicia è asciutta.

Anna penso che tu non mi abbia mai amato, me ne vado convincendo in queste ore di solitudine, così lontano da casa, da dove sei tu ora, dai nostri posti.

I nostri posti, che espressione idiota! Come se ci fossimo solo noi al mondo. E invece intorno a noi c'è sempre stato caos, non un momento veramente da soli io e te, sempre con un amico, una telefonata, un problema da risolvere, un'idea per le prossime vacanze da programmare. Mi chiedo quando e se davvero ci siamo mai guardati negli occhi io e te, se mai ci siamo stati di fronte con le anime nude, solo noi per quello che siamo, nel profondo, senza sovrastrutture sociali, senza mediazioni di luogo, di cultura, di circostanza. Il nostro stare insieme si è fermato alla superficie, è solo l'immagine di una coppia, un fotogramma, il frammento annebbiato di una storia.

Non ti conosco e so per certo che neppure tu hai la minima idea di chi io sia, e, cosa ancora più dolorosa, so che non te lo chiedi, non ti importa, ti basta quello che vedi.

Non è così qui ora. Ora sento piantata nella schiena una spina il cui dolore mi spinge a voler guardare meglio. Questa terra ti spoglia, ti fa essere solo te stesso, solo ciò che sei e basta, senza pelle. Ho capito che non sono come te, e come tutti i nostri amici, e mi fa orrore adesso pensare agli anni in cui non mi rendevo neanch'io conto di questo, in cui ero come voi. Non voglio condannare o giudicare nessuno, me ne guardo bene, e poi non avrebbe senso. Anzi ritengo che tu sia più fortunata e felice di me proprio per questo. Io mi sono solo accorto che siamo molto diversi, ed è tutto. E forse tutto quel tempo non deve farmi orrore, è servito, anche se mi accorgo solo ora di chi siamo.

Adesso sono qui.

Questa terra mi corrisponde. Se cerco di figurarmi il mio paesaggio interiore, il "giardino della mia mente", quello che vedo è una terra come questa: nessun albero, pochi arbusti bassi e inariditi, molti sassi, rocce che riflettono il colore azzurrino del cielo, una terra a volte nera, bruciata da un incendio di stoppie, e forse non lontano, da qualche parte dietro gli spuntoni di roccia, il mare.

Te ne ho anche parlato, ma non ricordo nessuna tua reazione, forse non ti interessava, forse non hai capito, forse dentro di te mi hai pure deriso. Mi hai solo guardato con uno sguardo che non diceva nulla e hai cambiato discorso, tornando alle decisioni da prendere per organizzare il programma della serata. Ho taciuto allora, pensando di essere ridicolo, ho premuto il pedale dell'acceleratore e abbiamo ripreso una velocità da marcia extraurbana. Il viale era sgombro, pochi pedoni e onda verde ai semafori. In pochi minuti eravamo da Elisa e Carlo. La cena è andata avanti per me interminabile, ero come in una trance. Sentivo un'incrinatura, le cose non combaciavano più tra loro. Per voi deve essere stato penoso avere un commensale imbambolato che risponde a malapena sì e no e si limita a considerazioni sulla bontà della cucina e del vino.

Il ritorno a casa per me è stato doloroso, non riuscivo a parlare, non avevo proprio niente da dire e tu ti sei arrabbiata. Avevi ragione, ero stato fuori posto e fuori tempo. Forse ti vergognavi anche di me, ma io non riuscivo a capirti, parlavi una lingua di argomenti che non riuscivo più a comprendere. Qualcosa mi aveva derubato del nostro lessico comune, e io cominciavo a sentire di avere perso l'orientamento tra le tue parole.

Quello stupido episodio aveva spostato un piccolo sasso che aveva cominciato a ruzzolare, trascinandosi dietro alcuni sassi vicini, e questi a loro volta altri, finché in me si era creata una valanga di parole scombinate, senza più nessi logici. La nostra lingua comune era andata in frantumi ed io assistevo impotente allo spettacolo di un caleidoscopio di frammenti che si scomponevano senza ordine, divertente e colorato ma senza niente a che fare con la realtà. Ti guardavo mentre mi parlavi e al tuo volto irato si sovrapponeva l'espressione dolce del risveglio e quella sensuale della sera e quella fredda e professionale delle otto di mattina pronta per l'ufficio. Eri decostruita, astratta.

Io non sapevo collegare le tue parole alle espressioni del tuo viso, non decifravo più i tuoi sentimenti e mi assaliva il dubbio feroce che ce li avessi questi sentimenti, quelli giusti collegati ognuno alla sua corretta espressione facciale. Allora ho cominciato ad urlare pure io, ma per nasconderti la mia paura. Non ricordo più cosa ti ho detto, so che ho cercato di offenderti, di farti male, e me sono andato sbattendo la porta. Mentre scendevo per le scale sentivo l'eco del tuo pianto rabbioso. Non so cosa hai lanciato contro la porta, ho sentito il tonfo e il fracasso di un oggetto che si rompeva. Poi il silenzio.

Nell'androne avevo il fiato grosso, come avessi corso a lungo, e invece ero lì a pochi passi da te, a solo una rampa di scale, fermo. Qualcosa nella testa mi ha detto che quello era il momento giusto, che una volta uscito da quel portone non sarei più dovuto tornare, che dovevo farlo a tutti i costi. Confesso che ho avuto paura, non riuscivo a riflettere, a pensare con chiarezza. Poi una forza viscerale mi ha spinto, ho avvertito una pressione improvvisa e potente come un pugno in pieno stomaco e mi sono trovato fuori a respirare l'aria fredda dell'una di notte con le chiavi dell'auto in mano a cercare nervoso e tremante la fessura nello sportello.

Mi sono abbandonato, ho lasciato che questa forza mi portasse dove voleva, l'ho seguita senza interrogarmi. Ho guidato tutta la notte, uscendo dalla città e poi sull'autostrada. A sud più lontano, a sud più lontano, mi ripetevo come un mantra. Al mattino continuavano a tornare a galla parole vecchie, discorsi fatti tra di noi, cose passate di mesi e anni prima, e alcune di queste le sentivo bruciare come fuoco. Sentivo accendersi un furore mai provato, gli occhi e le orecchie bruciavano, avevo la bocca impastata mentre continuavo a correre sulla strada come un dannato, come fosse la mia unica e sola ragione di vita.

Quando ti dicevo "non sto bene" avresti dovuto rispondere "mi dispiace, dimmi di cosa hai bisogno", e non "prendi un analgesico e alle otto ti sarà passato, abbiamo un tavolo prenotato da Alfredo". Non ero riuscito a parlarti, a sfondare quel muro che esisteva tra di noi, e ora sapevo che lo avevamo costruito insieme, io non avevo avuto la forza di riprovare, di insistere per farmi ascoltare e tu decisamente non avevi voluto, o forse non potevi davvero sentirmi. Non eri solo tu la responsabile, io avevo messo malta e pietre insieme a te e l'opera si era compiuta. Eravamo divisi in modo inconciliabile. Spalla contro spalla come in un duello da film, avevamo proceduto dritto allontanandoci fino a perderci di vista.

Ora mi chiedo dove è cominciato tutto questo, qual è stato il momento che ci ha visto separarci così irrimediabilmente.

Il calore del sole sta diventando davvero insopportabile. Da quando ho lasciato la strada principale e mi sono addentrato scavalcando a destra un ciuffo di erba secca non ho più visto nessun segno di vita, non c'è un riparo di nessun tipo, né arbusti né alberi, e nessuna traccia di passaggio umano. Non ho deciso come procedere, ma non voglio tornare indietro. Troverò un modo per riposare stanotte, per ora non voglio pensare a nulla, non voglio programmare neppure quello che farò nelle prossime ore, mi lascio portare solo dai miei piedi.

Sono pieni di sabbia.

Le scarpe hanno assunto il colore dorato di questa sabbia.

Bella e accecante si è infiltrata ovunque.

È quasi impalpabile, mi chino e affondo le mani aperte.

L'impronta che lascio nella sabbia è più lieve e gentile delle mie mani callose e il vento la sparpaglia quasi subito.

Mi guardo indietro, le mie orme hanno lasciato un segno più profondo, poco lontano il vento ha già cominciato a cancellarle.

Solo la mia ombra mi dice che esisto. ■

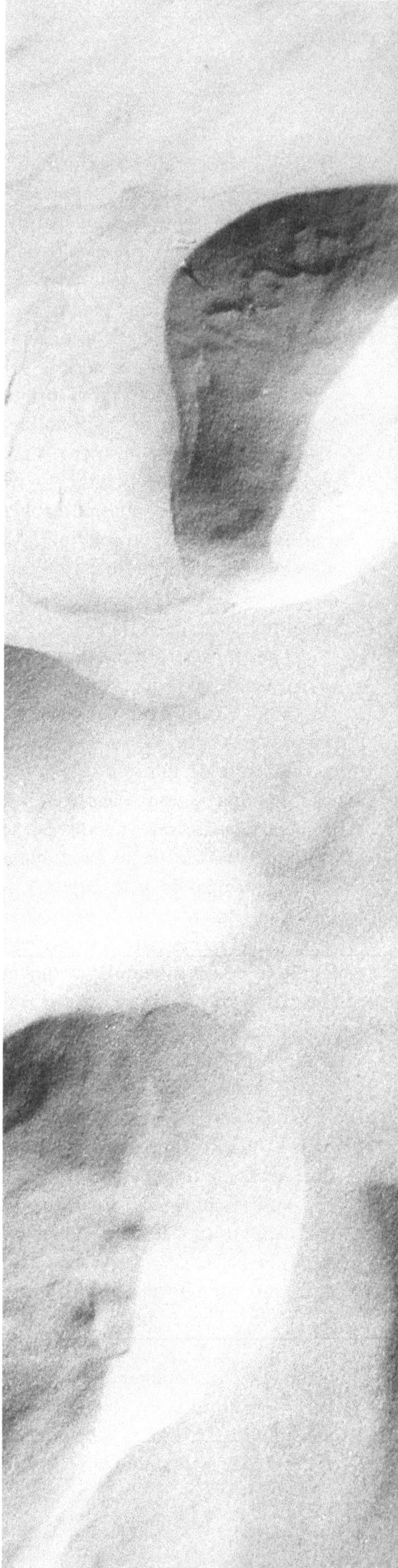

www.ingramcontent.com/pod-product-compliance
Ingram Content Group UK Ltd.
Pitfield, Milton Keynes, MK11 3LW, UK
UKHW050613260726
13967UKWH00008B/2846